Kirsten Schnepp-Pesch
Materialien und Kopiervorlagen
zur Klassenlektüre

Manfred Mai

JANE GOODALL

Ein Leben für die Schimpansen

Hase und Igel®

Inhalt

Bildnachweis:
© Marla Friedman: S. 27
© mauritius images – Danita Delimont/Alamy/Alamy Stock Photos: S. 19 (o. r.); Science Source: S. 19 (u.)
© picture alliance – ASSOCIATED PRESS: S. 9, S. 35
© pixabay – Alexas_Fotos: S. 45 (o. M.); anaterate: S. 19 (o. M.); falco: S. 19 (o. l.); ivabalk: S. 45 (o. r.); Pixel-mixer: S. 45 (o. l.)
© Shutterstock – Akkharat Jarusilawong: S. 45 (u.); vitrolphoto: S. 46
© StepMap – S. 22 (o.)/S. 24 (l.)
© Wikimedia Commons – S. 7/10, S. 22 (u.)/S. 24 (r.)

www.hase-und-igel.de
Lektorat: Mira Fischer
Illustrationen: Marc Robitzky
Druck: Joh. Walch GmbH & Co. KG, Augsburg

ISBN 978-3-86316-299-3

„Jane Goodall“ – Das Buch im Unterricht

Das Buch

Unsere gegenwärtigen Kenntnisse über die nächsten Verwandten des Menschen verdanken wir vor allem einer einzigen Frau: Jane Goodall. Schon in ihrer Kindheit träumt sie von einem Leben mit Affen in Afrika, als junge Erwachsene erforscht sie das Verhalten der Schimpansen im tansanischen Urwald und bis heute setzt sie sich rund um den Globus für den Schutz von Menschenaffen und die Bewahrung des Planeten ein. Mit ihrem außergewöhnlichen Werdegang, ihrer großen Liebe zu Tieren und ihrem unermüdlichen Engagement inspiriert die Forscherin und Aktivistin insbesondere Kinder und Jugendliche. So wird die vorliegende Lektüre bestimmt das Interesse Ihrer Schüler wecken. Die Biografie von Manfred Mai schildert Jane Goodalls Leben und Wirken packend, anschaulich und in verständlicher Sprache. Sie macht Jungen wie Mädchen Mut, dem eigenen Herzen zu folgen und sich für einen respektvollen Umgang miteinander, mit Tieren und mit der Natur einzusetzen.

Jane Goodall wurde am 3. April 1934 in London geboren. Sie wuchs in Bournemouth an der englischen Südküste umgeben von Tieren und Büchern auf und verbrachte trotz der Schatten, die der Zweite Weltkrieg auch auf diesen Ort warf, eine glückliche Kindheit und Jugend. Nach der Ausbildung zur Sekretärin und ersten Anstellungen erhielt Jane die Gelegenheit, eine Schulfreundin in Kenia zu besuchen. In Nairobi begegnete sie Louis Leakey, einem bekannten Paläoanthropologen und Leiter des Museums für Naturgeschichte, und wurde von ihm als Privatsekretärin engagiert. Leakey hatte die Idee, durch die Beobachtung von wild lebenden Schimpansen Rückschlüsse auf das Verhalten unserer frühen Vorfahren zu ziehen. Er hielt Jane aufgrund ihrer Tierliebe, ihrer Offenheit und ihrer schnellen Auffassungsgabe für besonders geeignet, diese Aufgabe zu übernehmen, auch wenn sie kein formales Studium absolviert hatte. So reiste Jane im Sommer 1960 in das Naturreservat Gombe Stream im heutigen Tansania, um dort Schimpansen zu erforschen und damit ihren Kindheitstraum vom Leben im afrikanischen Urwald zu verwirklichen.

In den folgenden Jahren gelangen Jane bahnbrechende Entdeckungen über die Sozialstrukturen und das Verhalten von Schimpansen, die die Ähnlichkeit von Menschen und unseren nächsten Verwandten herausstellten. Doch sie musste zahlreiche Hindernisse überwinden, um als forschende junge Frau in einer von Männern dominierten wissenschaftlichen Gemeinschaft ernst genommen zu werden. Ihre innovativen Forschungsmethoden wurden schließlich akzeptiert und revolutionierten das Verständnis des menschlichen Verhaltens und der Mensch-Tier-Beziehung in der Wissenschaft.

Jane Goodall heiratete den Tierfilmer Hugo van Lawick und bekam mit ihm 1967 einen Sohn. Das Paar ließ sich nach einigen Jahren scheiden. 1980 verlor Jane ihren zweiten Ehemann Derek Bryceson durch Krebs.

Nach mehr als zwei Jahrzehnten intensiver Forschung in Gombe erlebte Jane 1986 eine einschneidende Veränderung: Auf einer Konferenz in Chicago berichteten Biologen über die Bedrohung der Schimpansen durch die Abholzung des afrikanischen Regenwaldes und die Jagd. Daraufhin entschied sich Jane, ihre Feldstudien zu beenden und sich fortan aktiv für das Wohlergehen von Menschenaffen und den Naturschutz einzusetzen. Seitdem reist sie unermüdlich um die ganze Welt, um Menschen für einen besseren Umgang mit Tieren und der Erde zu sensibilisieren und zum Handeln zu motivieren.

Die Lektüre lässt Schüler ab der 5. Klasse in das Leben Jane Goodalls eintauchen. Sie ermöglicht es ihnen, die Entwicklung der Forscherin und Aktivistin nachzuvollziehen und sich mit ihr zu identifizieren. Die Kinder und Jugendlichen können von ihren Entscheidungen und ihrem Engagement lernen, die eigenen Werte und Ziele reflektieren und ihr Verständnis von persönlichem Wachstum und Erfolg erweitern. Außerdem thematisiert die Biografie Fragen des Natur- und Klimaschutzes, die uns weltweit herausfordern.

Das Material

Das vorliegende Material ist für eine fünfzehn- bis zwanzigstündige Unterrichtssequenz konzipiert. Dabei sind die Kopiervorlagen und weiterführenden Vorschläge als Auswahl zu verstehen, die Sie an eigene Schwerpunkte und Ihre individuelle Klassensituation anpassen können.

Das Material orientiert sich am chronologischen Handlungsverlauf der Biografie und ist in sechs Sinnabschnitte unterteilt – fünf zum Inhalt sowie einen zur Nachbereitung der Lektüre. Jeder Abschnitt beginnt mit einem Lehrerteil. Dieser umfasst zunächst eine kurze Zusammenfassung der einzelnen Kapitel. Darauf folgen didaktische Hinweise und Lösungen zu den Kopiervorlagen, Gesprächs- und Schreibanlässe sowie Ideen für eine kreative Auseinandersetzung mit den Themen des Buches. Unmittelbar im Unterricht einsetzbare Kopiervorlagen runden jeden der sechs Abschnitte ab.

Im Mittelpunkt des Materials steht die Biografie Jane Goodalls. Neben der Erforschung der Schimpansen werden auch prägende Wegbegleiter, persönliche Herausforderungen sowie Janes Wandlung zur Aktivistin aufgegriffen. Durch vielfältige Aufgabentypen, z. B. Rätsel, ein Domino zur wissenschaftlichen Methode sowie Arbeitsaufträge zum Perspektivwechsel, stellen die Schüler ihr Leseverständnis unter Beweis und beziehen die Themen der Lektüre, z. B. die Frage der Berufswahl, auf ihr eigenes Leben. Nicht zuletzt erhalten sie Anregungen, wie sie sich selbst für die Umwelt engagieren können.

Signets am oberen Seitenrand verdeutlichen den thematischen Schwerpunkt jeder Kopiervorlage:

Janes Welt

Die Welt der Schimpansen

Die Welt der Wissenschaft

Natur- und Umweltschutz

Viel Inspiration und gewinnbringende Erkenntnisse bei der Beschäftigung mit der Biografie einer beeindruckenden Forscherin und Aktivistin wünscht Ihnen und Ihrer Klasse

Kirsten Schnepp-Pesch

1. und 2. Kapitel: Kindheit und Schulzeit

Inhalt

1. Die beste Art von Kindheit

Jane Goodall wird am 3. April 1934 in London geboren. Ihre Eltern sind der Ingenieur und Rennfahrer Mortimer Herbert Morris-Goodall und die Sekretärin und Schriftstellerin Margaret Myfanwe (Vanne) Morris-Goodall. Vier Jahre später wird Janes Schwester Judith Daphne (Judy) geboren.

Bereits in früher Kindheit zeigt sich Janes Liebe zu Tieren und ihre forschende Neugier. Auf dem Bauernhof ihrer Großmutter väterlicherseits verschwindet sie für Stunden, um ein Huhn beim Eierlegen zu beobachten. Janes Mutter unterstützt sie in ihren Interessen.

Kurzzeitig emigriert die Familie nach Frankreich, kehrt jedoch vor Ausbruch des Zweiten Weltkriegs nach England zurück. Mortimer Morris-Goodall wird Soldat und seine Frau zieht mit den beiden Töchtern zu ihrer Mutter nach Bournemouth. Jane verbringt die nächsten dreizehn Jahre auf dem Birkenhof, dessen Garten vielfältige Möglichkeiten zur Tierbeobachtung bietet. Auf ihren Streifzügen wird sie von dem Mischlingshund Rusty begleitet. Er stärkt ihre Überzeugung, dass auch Tiere Intelligenz, Gefühle und Persönlichkeit besitzen.

2. Der große Traum

Als Schulkind entdeckt Jane schnell ihre Begeisterung fürs Lesen, das ihr den Schlüssel zu den vielen Büchern im Haus in die Hand gibt. *Doktor Dolittle und seine Tiere* sowie *Das Dschungelbuch* werden zu ihren ersten Lieblingsbüchern.

Doch auch der Krieg dringt in Janes Welt ein. Bei den häufigen Fliegeralarmen muss die Familie Schutz im Luftschutzbunker suchen und Janes Vater ist als Soldat die meiste Zeit abwesend. Hinzu kommen Lebensmittelrationierungen sowie das Wissen um die Gräueltaten.

Nach Kriegsende lassen sich ihre Eltern scheiden, was jedoch Janes Leben nicht wesentlich verändert. Sie bleibt mit Mutter und Schwester auf dem Birkenhof. Das Lesen gehört weiter zu ihren Lieblingsbeschäftigungen. Insbesondere die Erzählung von Tarzan und seiner Gefährtin, ihrer Namensschwester Jane, fasziniert sie. Fortan träumt sie davon, nach Afrika zu gehen und dort mit Affen zusammenzuleben. Vanne ermutigt Jane, alles daranzusetzen, ihren Wunsch zu verwirklichen.

Unterrichtsschwerpunkte

- Jane Goodalls Familie
- Kindheit und Erziehung
- Janes Tierliebe
- Lieblingslektüren und der Traum von Afrika

Zu den Kopiervorlagen

KV Seite 8

Janes Familie

Dieses Arbeitsblatt bezieht sich auf die beiden Eingangskapitel und widmet sich Janes familiärem Hintergrund. Indem die Schüler den Lückentext ergänzen, verschaffen sie sich einen ersten Überblick. Durch die Fragen in Aufgabe 2 soll schon zu Beginn der Lektüre ein Fokus auf Janes Standpunkt gelegt werden, dass auch Tiere Verstand, Gefühle und eine Persönlichkeit haben.

Lösung

Aufgabe 1:

Jane Goodall wird am 3. April 1934 in London geboren. Ihr Vater heißt Mortimer Herbert Morris-Goodall und ist ein Ingenieur und Rennfahrer. Ihre Mutter Margaret Myfanwe Morris-Goodall arbeitet als Sekretärin, schreibt aber auch Bücher. Ihr Rufname ist Vanne. Jane hat eine jüngere Schwester mit dem Namen Judy, die am gleichen Tag geboren ist wie sie selbst, nur vier Jahre später.

Die Familie Goodall zieht 1939 nach Frankreich. Janes Eltern beschließen jedoch bald, nach England zurückzukehren. Im September 1939 bricht der Zweite Weltkrieg aus und Mortimer Herbert wird Soldat. Jane sieht ihn deshalb in den nächsten Jahren nur selten. Sie selbst zieht mit ihrer Mutter und ihrer Schwester auf den Birkenhof nach Bournemouth. Das Haus gehört Janes Großmutter mütterlicherseits. Ihr Großvater war von Beruf Pfarrer und ist bereits gestorben. Jane nennt ihre Großmutter Danny und diese gilt als das Oberhaupt der Familie.

Ein Jahr nach Kriegsende lassen sich Janes Eltern scheiden. Sie bleibt mit ihrer Mutter und ihrer Schwester auf dem Birkenhof.

Aufgabe 2:

Der Mischlingshund Rusty ist für Jane besonders wichtig. Durch ihn gewinnt sie die Überzeugung, dass Tiere intelligent sind und Gefühle haben.

Die beste Art von Kindheit

Hier beschäftigen sich die Schüler näher mit Janes Kindheit. Sie überlegen, welche Adjektive zu diesem Lebensabschnitt passen und welche nicht. So erweitern sie ihren Wortschatz. Klären Sie zunächst eventuell unbekannte Begriffe (z.B. „notleidend“) und lassen Sie die Kinder diese dann entsprechend in die Tabelle eintragen.

Anschließend suchen die Schüler selbst nach Adjektiven, um Janes Beziehung zu Tieren sowie die ermutigende Haltung ihrer Mutter zu beschreiben.

Lösung

Aufgabe 1:

Trifft zu	Trifft nicht zu
harmonisch, liebevoll, lustig, geborgen, glücklich, abwechslungsreich	wohlhabend, lieblos, notleidend, schwierig

Aufgabe 2:

z. B. tierlieb, hilfsbereit, neugierig, geduldig

Aufgabe 3:

z. B. aufmerksam, einfühlsam, humorvoll, liebevoll, unterstützend, tolerant

KV Seite 10

Janes großer Traum

Durch das Lösen des Kreuzworträtsels setzen sich die Schüler spielerisch mit dem Inhalt von Janes Lieblingsbüchern auseinander, die in ihr den Wunsch wecken, eines Tages nach Afrika zu reisen.

Lösung

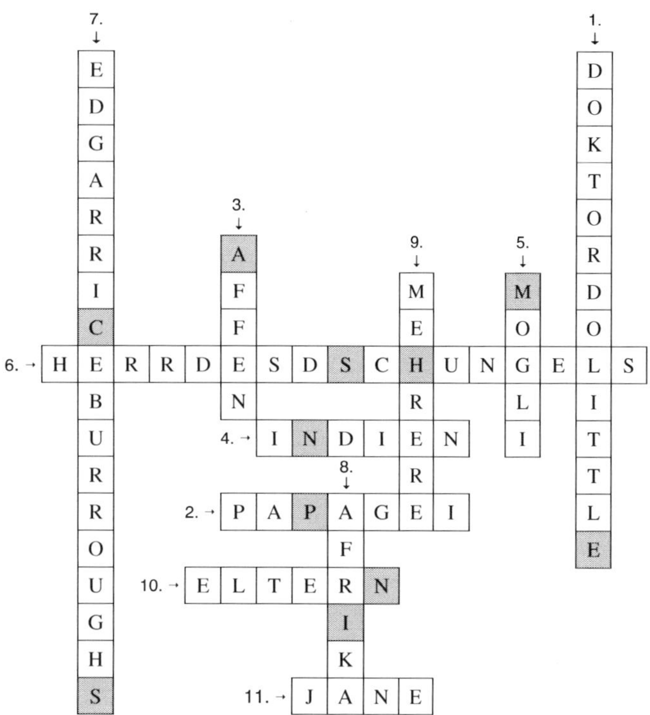

Lösungswort: SCHIMPANSEN

Gesprächs- und Schreibanlässe

Kein Spielzeug für Mädchen?

Im 1. Kapitel erfährst du, dass Janes Vater ihr einen Plüschschimpansen schenkt. Die Freundinnen ihrer Mutter finden das nicht gut, weil es ein unpassendes Spielzeug für ein kleines Mädchen sei. Was glaubst du, warum die Frauen das meinen? Wie denkst du darüber? Mit welchem Spielzeug hast du früher am liebsten gespielt?

Am Ende eines Tages

Großmutter Danny gilt als das Oberhaupt der Familie und prägt Jane mit ihrer Willenskraft und ihrem großen Herz. Sie geht nie schlafen, bevor alle Streitigkeiten des Tages bereinigt sind. Wie begründet sie dies Jane gegenüber? Welchen Einfluss hat die Haltung der Großmutter auf das Mädchen? Was hältst du von dem Bibelzitat „Lasset die Sonne nicht über eurem Zorn untergehen“?

Der Krieg dringt ein

Jane lebt mit ihrer Mutter und ihrer Schwester auf dem Birkenhof in Bournemouth. Durch den häufigen Fliegeralarm und die Abwesenheit des Vaters spürt die Familie die Auswirkungen des Zweiten Weltkriegs. Um sicherzustellen, dass die Schüler den Sachverhalt begreifen, ist es sinnvoll, im Klassengespräch die folgenden Fragen zu klären:

1. Wieso erklärten England und Frankreich Deutschland den Krieg, nachdem deutsche Soldaten am 1. September 1939 in Polen einmarschiert waren?
2. Janes Vater meldete sich zum Militär. Was bedeutet das und warum war er nun meistens abwesend?
3. Auf dem Birkenhof gab es häufig Fliegeralarm. Was heißt das und wie schützte Janes Familie sich?
4. Warum gab es in England immer weniger Lebensmittel für alle?
5. Was beschäftigte Jane im Hinblick auf den Krieg gedanklich besonders?

Folgende Antworten können im Klassengespräch erarbeitet werden:

1. England und Frankreich erklärten Deutschland den Krieg, weil sie einen Bündnisvertrag mit Polen geschlossen hatten.
2. Das bedeutet, dass Janes Vater sich freiwillig entschied, für England in den Krieg zu ziehen. Weil er nun in anderen Erdteilen als Soldat kämpfte, kam er nur selten nach Hause.
3. Fliegeralarm heißt, dass mithilfe von Sirenen eine Warnung vor einem bevorstehenden Luftangriff durch feindliche Flugzeuge gegeben wird. Janes Familie

schützte sich, indem sie Zuflucht in einem Luftschutzbunker suchte.

4. Durch den Krieg waren die Handelsrouten unterbrochen und es gab einen Mangel an importierten Gütern. Die Regierung führte eine Rationierung ein, um sicherzustellen, dass die begrenzten Lebensmittel fair verteilt wurden und alle Bürger zumindest eine Grundversorgung hatten.
5. Jane hörte von den Gräueltaten, die im Krieg begangen wurden, und dachte darüber nach, warum Menschen andere Menschen bekämpfen, quälen und töten. Sie fragte sich, warum Gott zuließ, dass so viele Unschuldige leiden und sterben mussten.

Kreativ aktiv

Schneckenrennen

Führen Sie mit den Schülern ein Schneckenrennen durch wie Jane und ihre Schwester Judy seinerzeit. Besprechen Sie vorher die Regeln für den Umgang mit lebenden Tieren. Erklären Sie den Kindern, dass sie die Schnecken nicht stören und ihnen keinen Schaden zufügen dürfen. Es sollte jeweils ein Tier für maximal zwei bis drei Schüler vorhanden sein, weil die Schnecken sonst unter Umständen zu schnell satt werden. Eine Anleitung finden Sie z. B. unter: *https://www.stiftung-kinder-forschen.de/de/praxisanregungen/experimente-fuer-kinder/exp/das-grosse-schneckenrennen.*

Buchvorstellung: *Doktor Dolittle / Das Dschungelbuch / Tarzan bei den Affen*

Bildet drei Gruppen. Jede Gruppe soll der Klasse ein Lieblingsbuch von Jane vorstellen. Fasst die Handlung kurz zusammen, sprecht über die Hauptfiguren und hebt interessante Aspekte hervor. Ihr könnt auch eure persönlichen Meinungen über das Buch teilen. Nutzt visuelle Hilfsmittel wie Poster oder Folien, um eure Präsentation lebendig zu gestalten.

Mein Lieblingsbuch

Stelle der Klasse dein eigenes Lieblingsbuch vor. Erzähle, was dich an der Lektüre besonders fasziniert hat.

Spiel: Tarzan und Jane

Alle sitzen im Kreis. Drei Schüler übernehmen die Rollen von Tarzan, Jane und dem faulen Nilpferd. Jane sitzt rechts von Tarzan, das faule Nilpferd links von ihm. Der Reihe nach wählen die übrigen Kinder nun ein Tier, eine dazu passende Bewegung sowie ein begleitendes Geräusch. Beides zeigen sie einmal. Vorgegeben sind die Bewegungen und Geräusche von Tarzan, Jane und dem Nilpferd. Tarzan: schlägt sich auf die Brust und brüllt. Jane: streicht sich übers Haar und lacht. Nilpferd: schlägt sich abwechselnd links und rechts auf die Beine und gähnt.

Tarzan beginnt die Spielrunde. Er führt seine Bewegung aus und gibt sein Geräusch von sich. Anschließend imitiert er ein Tier aus der Runde. Nun ist dieses an der Reihe. Es führt zuerst die eigene Bewegung mit Geräusch aus und dann die eines weiteren Tieres, das als Nächstes dran ist.

Unterläuft einem Schüler ein Fehler (verpasst er seinen Einsatz, überlegt zu lange, macht die falsche Bewegung oder das falsche Geräusch), so ahmt die ganze Runde das Nilpferd nach. Das Kind, das den Fehler gemacht hat, wird nun zum Nilpferd und alle anderen rutschen eine Position weiter. Dabei wird jeder Spieler zu dem Tier, das vorher auf diesem Platz saß. Quelle: *https://www.stefan-kernen.ch/didaktisches/spiele_im_unterricht*

Janes Familie

1. Welche Informationen erhältst du in den ersten beiden Kapiteln über Janes Familie? Ergänze den Lückentext.

Pfarrer | Danny | Soldat | London | Judy | Birkenhof | Bücher | England | Großmutter | Rennfahrer | Frankreich | Vanne | Bournemouth

Jane Goodall wird am 3. April 1934 in ______________ geboren. Ihr Vater heißt Mortimer Herbert Morris-Goodall und ist ein Ingenieur und ______________. Ihre Mutter Margaret Myfanwe Morris-Goodall arbeitet als Sekretärin, schreibt aber auch ______________. Ihr Rufname ist ______________. Jane hat eine jüngere Schwester mit dem Namen ______________, die am gleichen Tag geboren ist wie sie selbst, nur vier Jahre später. Die Familie Goodall zieht 1939 nach ______________. Janes Eltern beschließen jedoch bald, nach ______________ zurückzukehren. Im September 1939 bricht der Zweite Weltkrieg aus und Mortimer Herbert wird ______________. Jane sieht ihn deshalb in den nächsten Jahren nur selten. Sie selbst zieht mit ihrer Mutter und ihrer Schwester auf den Birkenhof nach ______________. Das Haus gehört Janes ______________ mütterlicherseits. Ihr Großvater war von Beruf ______________ und ist bereits gestorben. Jane nennt ihre Großmutter ______________ und diese gilt als das Oberhaupt der Familie. Ein Jahr nach Kriegsende lassen sich Janes Eltern scheiden. Sie bleibt mit ihrer Mutter und ihrer Schwester auf dem ______________.

Neben Menschen gehören auch Tiere zu Janes Familie.

2. Welches von ihnen ist für Jane besonders wichtig? Wovon ist sie durch den Umgang mit diesem Tier überzeugt (siehe Seite 12)? Beantworte die Fragen in zwei Sätzen.

____

____

____

Die beste Art von Kindheit

Jane beschreibt ihr Aufwachsen als „die beste Art von Kindheit“ (Seite 8).

1. Was trifft auf ihre Kindheit und Familie zu, was nicht? Trage die Adjektive passend in die Tabelle ein.

harmonisch | liebevoll | lustig | wohlhabend | geborgen | glücklich | lieblos | notleidend | abwechslungsreich | schwierig

Trifft zu	Trifft nicht zu

Jane ist schon als Kind von Tieren fasziniert und verbringt Stunden damit, sie zu beobachten.

2. Überlege dir mindestens drei Adjektive, die Janes Verhalten charakterisieren, und schreibe sie auf.

3. Wie geht ihre Mutter damit um, dass Jane Regenwürmer ins Haus bringt und stundenlang im Hühnerstall verschwindet? Nenne auch hier passende Adjektive.

Janes großer Traum

Trage die Antworten in Großbuchstaben und ohne Wortzwischenräume in das Kreuzworträtsel ein. Schreibe das Lösungswort auf.

1. Wie heißt der Arzt, der neben Menschen auch Tiere behandelt?
2. Wer bringt diesem Arzt die Sprache der Tiere bei?
3. Welchen Tieren in Afrika möchte der Arzt helfen?
4. In welchem Land wird ein Junge von Wölfen großgezogen?
5. Wie heißt dieser Junge?
6. Wie nennt man Tarzan noch?
7. Wer hat Tarzan erfunden? (Tipp: Schau dir das Bild genau an.)
8. Auf welchem Kontinent lebt Tarzan?
9. Gibt es ein Buch oder mehrere Bücher über Tarzan?
10. Wer stirbt, sodass Tarzan bei den Affen aufwächst?
11. Wie heißt Tarzans Partnerin?

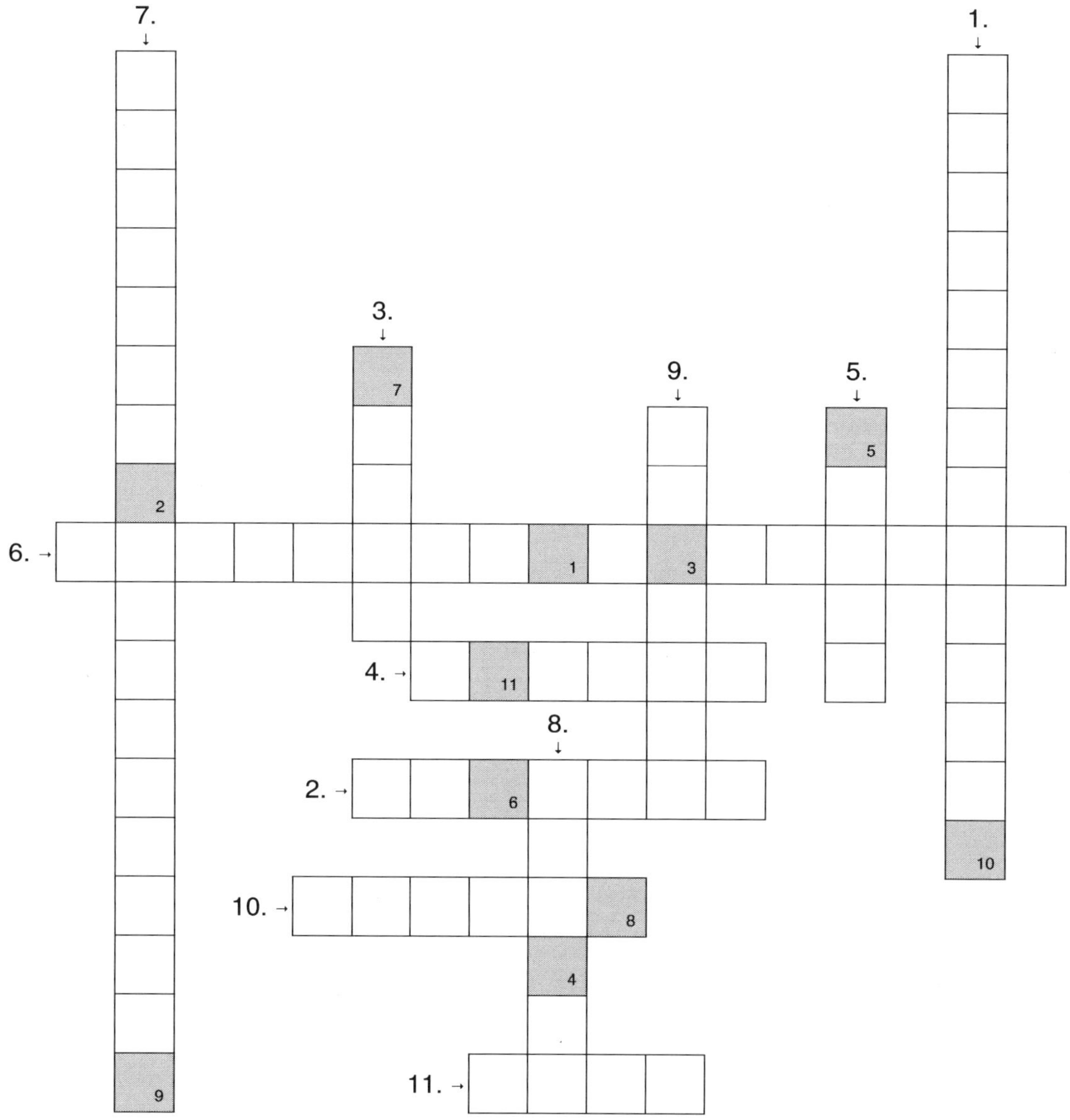

Lösungswort:

1	2	3	4	5	6	7	8	9	10	11

3. und 4. Kapitel: Aufbruch nach Afrika

Inhalt

3. Ein bedeutungsvoller Brief
Aus finanziellen Gründen kommt für Jane trotz ihres guten Abiturs ein Studium nicht infrage. Dem Rat ihrer Mutter folgend beginnt sie deshalb eine Ausbildung zur Sekretärin in London. Die junge Frau genießt die vielfältigen kulturellen Möglichkeiten der Metropole. Insbesondere das *Natural History Museum* besucht sie häufig, außerdem erweitert sie ihr Wissen mithilfe von kostenlosen Abendkursen und Büchern über Tiere.

Nach Abschluss der Ausbildung wechselt Jane mehrmals die Arbeitsstelle. Als sie überraschend eine Einladung ihrer Schulfreundin Clo nach Kenia erhält, kündigt sie ihren Job in London, um sich durch Kellnern in einem Lokal in Bournemouth das Geld für die Überfahrt zu verdienen. Mit dreiundzwanzig Jahren kommt Jane in Mombasa an. Nach wenigen Wochen auf der Farm ihrer Freundin geht sie nach Nairobi und arbeitet dort als Sekretärin einer englischen Firma.

Auf einer Party erhält sie den Rat, sich bei Louis Leakey vorzustellen, einem berühmten Paläoanthropologen, der das Museum für Naturgeschichte in Nairobi leitet. Dieser ist so beeindruckt von Janes Enthusiasmus und Wissen, dass er ihr eine Stelle als Privatsekretärin anbietet. Jane sagt sofort zu.

4. Sehr viel Geduld
Durch die Arbeit im Museum erweitert Jane ihre Kenntnisse über die Tiere Ostafrikas. Außerdem darf sie Louis Leakey und seine Frau Mary in die Olduvai-Schlucht im Norden Tansanias begleiten, um nach Spuren frühen menschlichen Lebens zu suchen. Bei abendlichen Spaziergängen kommt es zu Begegnungen mit wilden Tieren, die dank Janes guten Instinkten aber harmlos verlaufen.

Leakey möchte mehr über das Verhalten der menschlichen Vorfahren herausfinden. Er hat die Idee, dass Beobachtungen von frei lebenden Schimpansen Rückschlüsse auf die sozialen Strukturen früher Menschen zulassen könnten. Jane bekundet ihr großes Interesse an dem Forschungsvorhaben. Leakey hat auf diese Reaktion gehofft und unterstützt seine Assistentin energisch, obwohl sie an ihrer Qualifikation zweifelt. Gerade weil sie durch keine wissenschaftlichen Theorien beeinflusst sei, eigne sie sich besonders gut für die Aufgabe. Hinzu komme ihre Geduld.

Unterrichtsschwerpunkte

- Janes Berufswahl
- die Tierwelt Afrikas
- Ursprung und Evolution des Menschen
- Begegnung mit Louis Leakey
- Janes Eignung für das Forschungsvorhaben

Zu den Kopiervorlagen

KV Seite 15

Janes Weg in den Beruf
Auf diesem Arbeitsblatt setzen sich die Schüler mit Janes Berufswahl auseinander. Ihren Traum vom Studium konnte sie aus finanziellen Gründen nicht verwirklichen. Aber Jane ließ sich nicht entmutigen. Stattdessen absolvierte sie eine Ausbildung zur Sekretärin und behielt dabei ihre Leidenschaft für Tiere und die Natur stets im Blick.

Mithilfe der vierten Aufgabe – einem Steckbrief zum eigenen Traumberuf – wird ein Bezug zur Lebenswelt der Kinder und zu ihren Berufswünschen hergestellt. Dabei kann Janes Werdegang als Inspiration dienen, die selbst gesteckten Ziele auch gegen Widerstände zu verfolgen.

Lösung
Aufgabe 1:
„Das möchte ich gern machen: etwas mit Tieren, am liebsten mit Affen in Afrika."
„Diese Ausbildung brauche ich dafür: Studium der Biologie oder der Zoologie."
„Das kann ich schon: Tiere beobachten, mit Tieren umgehen."
„Das spricht dagegen: die Studiengebühren."

Aufgabe 2:
Sekretärinnen werden immer gebraucht.
Als Sekretärin kann man überall auf der Welt Arbeit finden, weil alle Verwaltungen ähnlich organisiert sind.
Vielleicht ergibt sich dadurch die Gelegenheit, nach Afrika zu kommen.

Aufgabe 3:
Jane besucht oft das *Natural History Museum* und belegt mehrere kostenlose Abendkurse. Außerdem liest sie viel, vor allem Bücher über Tiere.

Die Tiere Afrikas
Anhand eines Gitterrätsels und einer Recherche zu den als „Big Five" bezeichneten Großwildarten beschäftigen sich die Schüler mit der Tierwelt Afrikas. Zum Abschluss überlegen sie ausgehend von Janes Erlebnis im 4. Kapitel, wie man sich verhalten sollte, wenn man einem Nashorn in freier Wildbahn begegnet.

Lösung
Aufgabe 1:

X	Z	E	B	R	A	Q	Y	H	B	H	E	C	Q	H	K
J	V	U	T	R	O	B	M	E	C	T	F	N	G	Y	C
M	Y	H	Y	M	J	Ü	W	R	E	L	O	Z	C	Ä	I
U	E	U	E	Q	M	F	L	I	R	A	H	S	E	N	H
E	L	C	B	Q	Y	F	E	G	I	R	A	F	F	E	C
L	Ö	W	E	E	U	E	X	M	J	K	A	Ö	F	I	V
E	C	U	L	K	C	L	F	R	B	W	L	X	R	N	E
O	C	D	E	U	K	Y	A	E	N	A	S	H	O	R	N
P	F	A	F	Q	O	B	F	V	N	W	C	U	Y	W	L
A	G	Q	A	T	J	V	F	G	K	G	E	I	E	R	N
R	S	B	N	L	K	T	E	V	T	N	R	L	X	O	K
D	E	G	T	D	E	C	X	N	F	U	W	M	U	O	Y

Aufgabe 3:
Elefant, Nashorn, Büffel, Löwe, Leopard

Aufgabe 4:
Man sollte möglichst weit entfernt bleiben und sich nicht bewegen. Da Nashörner kurzsichtig sind, vermeidet man so, entdeckt zu werden.

Afrika – Wiege der Menschheit
Der afrikanische Kontinent spielt eine entscheidende Rolle in der Geschichte der menschlichen Evolution. Schon vor Millionen von Jahren begann dort die Entwicklung unserer Vorfahren, die schließlich zur Entstehung des modernen Menschen führte. Durch das genaue Lesen der kurzen Texte sollen die Kinder ein Grundverständnis erlangen, warum Afrika als Wiege der Menschheit gilt.

Zur Aneignung der Informationen eignet sich eine arbeitsteilige Gruppenarbeit in drei Lernphasen. Dazu finden sich immer drei Schüler zusammen. In der ersten Lernphase bekommt jeder einen der Abschnitte und erschließt sich diesen mithilfe der Fünf-Schritt-Lesemethode.

In der zweiten Phase vermitteln sich die Kinder nun gegenseitig ihr erworbenes Wissen. Dabei gehen sie folgendermaßen vor: Schüler A erklärt seiner Gruppe mithilfe der notierten Stichworte den Sachverhalt aus Textabschnitt 1. Um das Verständnis der beiden anderen zu prüfen, stellt er ihnen anschließend die Fragen, die er zuvor formuliert und beantwortet hat. Danach sind Schüler B und C an der Reihe.

In der dritten Phase erstellt die Gruppe gemeinsam eine Mindmap zum Thema „Afrika – Wiege der Menschheit" (zur Methode „Mindmap" siehe Infokasten auf S. 39). Ergänzend drucken die Kinder passende Abbildungen aus dem Internet aus, kleben sie dazu und versehen sie mit Bildunterschriften.

Louis Leakey
Das Zusammentreffen zwischen Louis Leakey und Jane Goodall ist ein bemerkenswertes Beispiel für die prägende Wirkung eines Mentors. Mithilfe des Informationstextes auf diesem Arbeitsblatt lernen die Schüler den Paläoanthropologen, der sich vor allem durch seine Entdeckungen im Bereich der Evolution des Menschen einen Namen gemacht hat, besser kennen.

Lösung
Aufgabe 1:
siehe Schaubild unten

Fossilien – Zeugen der Evolution
Klären Sie zum Einstieg den Begriff „Fossilien". Sie können dabei auf das Glossar der Lektüre zurückgreifen. Fossile Überreste verraten uns viel über die Entstehung von Lebewesen, auch die des Menschen. Paläontologen leiten daraus ab, wie Organismen aussehen, leben und sich entwickeln. Sicher macht es den Schülern

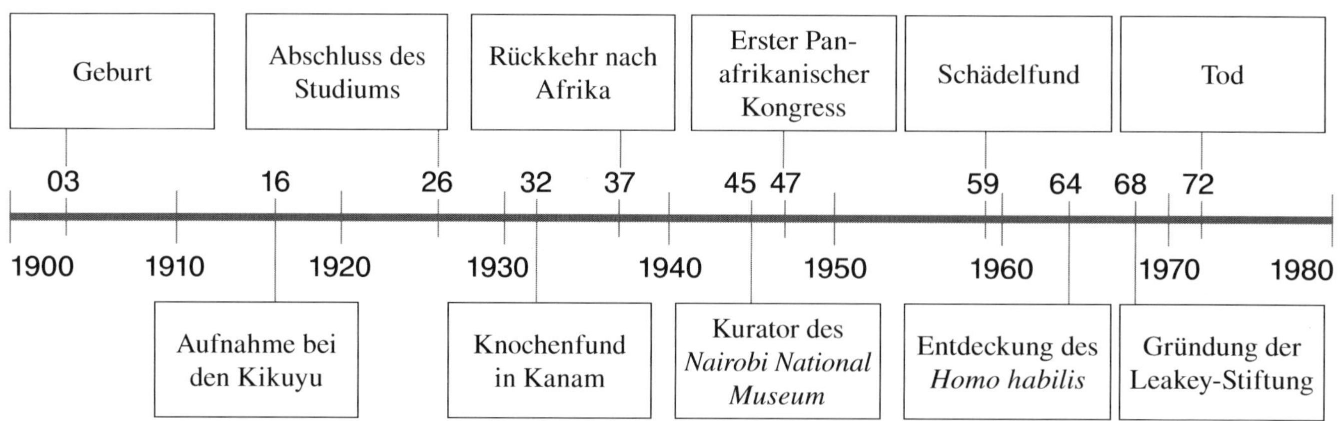

Freude, die Position der Forschenden einzunehmen und sich über die Abbildungen auszutauschen.

Mit der zweiten Aufgabe wird der Mythos, der Mensch stamme vom Affen ab, richtiggestellt. Zuletzt führen sich die Kinder Leakeys Idee vor Augen, wie das Verhalten unserer Vorfahren erforscht werden könnte.

Lösung
Aufgabe 1:
Bild 1: Urzeitfisch (Allgemeiner Begriff, der verschiedene ausgestorbene Fischarten umfasst.)
Bild 2: Ammonit (Ausgestorbener, wirbelloser Meeresbewohner, der zur Gruppe der Kopffüßer gehört. Diese Tiere lebten vor etwa vierhundert Millionen Jahren im Devon und starben am Ende der Kreidezeit vor rund fünfundsechzig Millionen Jahren aus.)
Bild 3: Fußspuren von Laetoli (Dabei handelt es sich um eine Reihe von fossilen menschlichen Fußabdrücken, die etwa fünfundvierzig Kilometer südlich der Olduvai-Schlucht in Tansania entdeckt wurden. Diese Fußspuren sind rund 3,6 Millionen Jahre alt und außergewöhnlich gut erhalten. Sie liefern wichtige Beweise für aufrechtes Gehen bei unseren frühen Vorfahren und geben Einblicke in ihren Körperbau und ihre Art der Fortbewegung.)

Aufgabe 2:
Menschen und Schimpansen haben gemeinsame Vorfahren.

Aufgabe 3:
Da Schimpansen und Menschen gemeinsame Vorfahren haben, vermutet Leakey, dass es auch ähnliche Verhaltensweisen geben müsste. Man bräuchte also nur Schimpansen zu beobachten, um Rückschlüsse auf das Verhalten der ersten Menschen zu ziehen.

KV Seite 20

Ist Jane geeignet?

Wenn die Eignung einer Person für eine wissenschaftliche Aufgabe beurteilt wird, spielen verschiedene Faktoren eine Rolle. Neben fachlichen Kenntnissen und Erfahrungen sind außerdem die persönliche Motivation und Leidenschaft für das Forschungsgebiet von Bedeutung. Mit diesem Arbeitsblatt führen sich die Schüler vor Augen, warum Louis Leakey in Jane Goodall trotz fehlender formaler Ausbildung die ideale Kandidatin sah, um die Schimpansen zu erforschen.

Lösung
Aufgabe 1:
z. B.

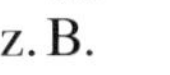

Ausbildung	Erfahrung	Kenntnisse	Persönliche Eigenschaften
Abitur, Sekretärin	eigene Tierbeobachtungen im Garten und im Stall, Ausgrabungen in der Olduvai-Schlucht	Wissen über Tiere aus Büchern und aus der Arbeit als Louis Leakeys persönliche Assistentin	Unvoreingenommenheit, Mut, Offenheit, schnelle Auffassungsgabe, Tierliebe, Geduld
–	+	+	+

Aufgabe 2:
z. B. Jane Goodall ist geeignet für die Aufgabe, Schimpansen im Urwald zu erforschen. Auch wenn ihr eine wissenschaftliche Ausbildung fehlt, beweist sie durch ihre persönlichen Erfahrungen und ihr selbstständiges Aneignen von Wissen über ihre Interessengebiete, dass sie eine hohe Motivation und Leidenschaft für Tierbeobachtung mitbringt. Außerdem verfügt sie über zahlreiche Eigenschaften, die der Erfüllung dieser Aufgabe entgegenkommen, darunter Unvoreingenommenheit, eine schnelle Auffassungsgabe und Geduld.

Aufgabe 3:
z. B. Neben den fachlichen Voraussetzungen (z. B. Universitätsstudium) und praktischen Erfahrungen (z. B. Praktika, wissenschaftliche Mitarbeit/Assistenz) spielen auch die Leidenschaft für das Forschungsgebiet und persönliche Eigenschaften eine Rolle bei der Eignung für eine wissenschaftliche Aufgabe.

Gesprächs- und Schreibanlässe

Kolonialismus

Jane verbringt die erste Zeit in Afrika in Kenia und reist mit dem Ehepaar Leakey nach Tansania. Beide Staaten Ostafrikas waren früher Kolonien. Beginnen Sie die Diskussion über den Kolonialismus, indem Sie den Schülern persönliche Geschichten von Menschen aus kolonisierten Ländern präsentieren, beispielsweise anhand von altersgerechten Büchern. Anregungen finden Sie z. B. hier: *https://blog.sbb.berlin/101-im-lesesaal-diesmal-kolonialismus/.*

Das trägt dazu bei, Empathie und Verständnis der Kinder zu fördern.

Zeigen Sie der Klasse außerdem historische Karten, auf denen die Ausdehnung des Britischen Weltreichs und anderer Kolonialreiche zu sehen ist. Sprechen Sie darüber, welche Länder kolonisiert wurden, wie sich dies auf die betroffenen Regionen ausgewirkt hat und bis heute (z. B. auf die Landesgrenzen) auswirkt.

Eine Kindheit bei den Kikuyu

Louis Leakeys Vater war Missionar und ließ seinen Sohn wie einen Kikuyu-Jungen aufwachsen. Tauscht euch in der Klasse über folgende Fragen aus: Was ist ein Missionar? Wie war es wohl, als weißer Junge in einem afrikanischen Stamm groß zu werden?

Evolution und Religion

Im 4. Kapitel unterhalten sich Jane und Louis Leakey über die Vereinbarkeit von Religion und Evolutionstheorie. Führt ein Klassengespräch über folgende Fragen: Wie erklären religiöse Schriften bzw. die Evolutionstheorie die Entstehung des Lebens und die Vielfalt der Arten? Gibt es Widersprüche zwischen religiösen Überzeugungen und wissenschaftlichen Auffassungen? Lassen sich Religion und Evolutionstheorie dennoch vereinen? Wie denken Jane und Louis Leakey darüber?

Kreativ aktiv

Heldenreise

Als lektürebegleitendes Projekt kann ein Vergleich von Jane Goodalls Leben und Wirken mit dem literarischen Grundmuster der Heldenreise erstellt werden. Dies vertieft die Reflexion der einzelnen Etappen, die Jane auf dem Weg zur berühmten Forscherin und Umweltaktivistin zurückgelegt hat. Informationen zu dem narrativen Erzählmuster und Materialien für den Einsatz im Unterricht finden Sie hier: *https://www.br.de/radio/bayern2/sendungen/radiowissen/deutsch-und-literatur/heldenreise-mythen-einsatz-im-unterricht-100.html.*

Natural History Museum* und *London Zoo

Erkundet das *Natural History Museum* und den *London Zoo*. Ihr habt die Wahl zwischen folgenden Projekten:

1. Taucht in die Geschichte ein: Erforscht die Gründung und Entwicklung des naturhistorischen Museums und des Londoner Zoos. Welche herausragenden Ereignisse und Persönlichkeiten haben sie geprägt?
2. Die Schatzsuche: Entdeckt bemerkenswerte Ausstellungsstücke und Tierarten in beiden Institutionen.
3. Die Wächter der Natur: Untersucht den Naturschutz im *Natural History Museum* und im *London Zoo*. Welche Programme dienen dem Erhalt von Tieren und Pflanzen?
4. Begegnungen der besonderen Art: Stellt euch vor, ihr könntet mit historischen Personen oder exotischen Tieren aus den beiden Einrichtungen sprechen. Erkundet ihre Gedanken, indem ihr fiktive Interviews führt.

Der Kriminalfall „Ötzi“

Helmut und Erika Simon aus Nürnberg finden bei einer Wanderung in den Ötztaler Alpen eine Leiche. Zunächst ist unklar, um welche Person es sich handelt. Für weitere Ermittlungen wird eine Sonderkommission der Polizei eingerichtet. Ist eure Neugier geweckt? Dann geht auf Entdeckungstour: Welche Indizien und Beweise wurden sichergestellt? Was sagt der Obduktionsbericht? Präsentiert eure Ergebnisse.

Stellt euch vor, wie Louis Leakey reagiert hätte, wenn er von der Entdeckung erfahren hätte. Spielt ein Gespräch zwischen einem Polizisten oder einem Wissenschaftler, der die Leiche von „Ötzi“ untersucht hat, und Louis Leakey nach.

Die Entwicklung des Menschen

Zeigen Sie der Klasse ein Schaubild der Evolution des Menschen (z. B. unter dem Wikipedia-Eintrag „Hominisation“ oder auf der Seite *https://www.helles-koepfchen.de* unter der Überschrift „Die Evolution des Menschen“). Das hilft den Schülern, sich unsere evolutionäre Entwicklung besser vorstellen zu können. Sprechen Sie darüber, wie sich der aufrechte Gang herausgebildet hat und wie er sich möglicherweise durch die Nutzung von digitalen Medien verändern wird (auch dazu finden sich anschauliche Grafiken im Internet, wenn man z. B. bei Google Bilder „Evolution des Menschen digital“ eingibt).

Die Evolution eines Papierfliegers

Bastelt Papierflieger aus DIN-A4-Blättern. Sie sollen möglichst weit fliegen können. Werft nun nacheinander eure Flieger und messt, wie weit sie gekommen sind. Verändert anschließend eure Flieger, indem ihr kleine Gewichte (z. B. Büroklammern, Centmünzen, Pappstücke) daran befestigt oder die Schere einsetzt. Werft und messt noch einmal. Sprecht darüber, welche Veränderungen zu einer Verbesserung der Flugeigenschaften geführt haben. Diskutiert auch die Frage, warum heutige Vögel im Vergleich zu ihren Vorfahren hervorragende Flieger sind.

Weitere kostenlose Unterrichtsmaterialien zum Thema „Evolution“, die sich gut in der 5. Klasse einsetzen lassen, finden sich unter: *https://evokids.de/content/evokids-unterrichtsmaterialien.*

Janes Weg in den Beruf

Nach dem Abitur muss Jane sich für eine Berufsausbildung entscheiden.

1. Was geht ihr in dieser Situation durch den Kopf? Ergänze die Gedankenblasen.

Das möchte ich gern machen:

Das kann ich schon:

Diese Ausbildung brauche ich dafür:

Das spricht dagegen:

Auf Rat ihrer Mutter beginnt Jane eine Ausbildung zur Sekretärin.

2. Was spricht für diese Berufsausbildung? Schreibe Vannes Argumente auf.

3. Welche Möglichkeiten nutzt Jane in London, um sich neben der Ausbildung zur Sekretärin für ihren Traumberuf zu qualifizieren? Notiere.

4. Erstelle auf einem Blatt einen Steckbrief über deinen Traumberuf. Greife dafür auf die Angaben aus den Gedankenblasen oben zurück.

Die Tiere Afrikas

1. In diesem Gitterrätsel sind elf Tiere Afrikas waagerecht und senkrecht versteckt. Finde sie und kreise sie ein.

X	Z	E	B	R	A	Q	Y	H	B	H	E	C	Q	H	K
J	V	U	T	R	O	B	M	E	C	T	F	N	G	Y	C
M	Y	H	Y	M	J	Ü	W	R	E	L	O	Z	C	Ä	I
U	E	U	E	Q	M	F	L	I	R	A	H	S	E	N	H
E	L	C	B	Q	Y	F	E	G	I	R	A	F	F	E	C
L	Ö	W	E	E	U	E	X	M	J	K	A	Ö	F	I	V
E	C	U	L	K	C	L	F	R	B	W	L	X	R	N	E
O	C	D	E	U	K	Y	A	E	N	A	S	H	O	R	N
P	F	A	F	Q	O	B	F	V	N	W	C	U	Y	W	L
A	G	Q	A	T	J	V	F	G	K	G	E	I	E	R	N
R	S	B	N	L	K	T	E	V	T	N	R	L	X	O	K
D	E	G	T	D	E	C	X	N	F	U	W	M	U	O	Y

Als die „Big Five" (die „Großen Fünf") werden fünf Großwildarten Afrikas bezeichnet.

2. Was denkst du: Welche der versteckten Tiere gehören zu den „Big Five"? Schreibe auf.

---

3. Welche Tiere gehören offiziell zu den „Big Five"? Recherchiere und notiere. Vergleiche das Ergebnis mit deiner Einschätzung.

---

4. Stell dir vor, du begegnest einem Nashorn in freier Wildbahn. Wie solltest du dich verhalten? Lies im 4. Kapitel auf Seite 25 nach und sprich mit einem Partner darüber.

Afrika – Wiege der Menschheit

Bearbeite einen der Lexikonartikel in fünf Schritten.

1. Lies den Text und mache dir klar, worum es geht.
2. Schreibe eine passende Überschrift darüber.
3. Markiere das Wichtigste mit einem Textmarker.
4. Schreibe die zentralen Informationen in Stichworten ins Heft.
5. Formuliere Fragen zum Text und beantworte sie.

Der Begriff *Evolution* kommt aus dem Lateinischen und bedeutet Entwicklung. Er bezieht sich darauf, wie aus einfachen Organismen über einen großen Zeitraum viele weitere Lebewesen entstanden sind. Die berühmte Evolutionstheorie von Charles Darwin erklärt, auf welche Weise sich verschiedene Arten von Pflanzen und Tieren entwickelt haben. Die Lebewesen passen sich im Verlauf einer sehr langen Zeit immer so an eine Umgebung an, dass sie am besten überleben können. Charles Darwin hatte während einer fünfjährigen Weltreise Folgendes entdeckt: Die Schnäbel der Finken auf den Galapagosinseln im Pazifischen Ozean waren unterschiedlich geformt. Daraus schloss er, dass die Vögel sich im Laufe der Generationen genau die richtigen Schnäbel für die Nahrung zugelegt hatten, die sie auf der jeweiligen Insel fanden: dünne, lange Schnäbel zum Insektenfangen, kräftige, dicke zum Knacken von Nüssen.

In Afrika kam es vor sechs Millionen Jahren zu einer Klimaveränderung. Der vorher dicht wachsende Regenwald wich zurück. Am Rand standen die Bäume weiter auseinander. Vermutlich entwickelten unsere Vorfahren den aufrechten Gang, weil sie sich nun nicht mehr von Ast zu Ast zu hangeln konnten.

Vor knapp drei Millionen Jahren sorgte eine weitere klimatische Veränderung für eisige Kälte. Ein riesiges Gebirge entstand und teilte den Kontinent in das regenreiche Westafrika und das trockene Ostafrika. Dort änderte sich mit der Landschaft auch die Nahrung: Sie wurde trocken und hartschalig. Nur die Frühmenschen, die sich daran anpassten, konnten überleben. Einer, der es dank seiner großen Mahlzähne schaffte, war der *Australopithecus*. Übersetzt bedeutet dieser aus dem lateinischen *Australis* (südlich) und dem altgriechischen *Pithecos* (Affe) zusammengesetzte Begriff „südlicher Affe".

Paläoanthropologie ist eine Zusammensetzung aus drei Wörtern, die aus dem Altgriechischen stammen. *Palaiós* bedeutet alt, *ánthrōpos* Mensch und *lógos* Lehre. Paläoanthropologen beschäftigen sich mit dem Ursprung des Menschen, mit seiner Entstehung und Entwicklung. Da es immer wieder neue Knochenfunde gibt, müssen auch die Theorien über die Herkunft des Menschen regelmäßig angepasst werden. Jedoch stammen alle Funde, die älter als zwei Millionen Jahre sind, aus Afrika.

Im Laufe der Zeit entwickelten die ersten Menschen Werkzeuge und Jagdtechniken. Außerdem lernten sie, mit dem Feuer umzugehen. Schließlich verließen sie den afrikanischen Kontinent, um die ganze Welt zu besiedeln. Die erfolgreichste Menschenart wurde der *Homo sapiens,* der moderne Mensch.

Louis Leakey

1. Lies den Text. Trage die Ereignisse aus Louis Leakeys Leben stichpunktartig in die Zeitleiste unten ein.

Louis Seymour Bazett Leakey wurde am 7. August 1903 bei Nairobi in Kenia geboren. Sein Vater war ein englischer Missionar und ließ Louis wie ein Mitglied der Kikuyu aufwachsen. Mit dreizehn Jahren wurde er sogar als offizielles Mitglied des Stammes aufgenommen. Als Kind fand Leakey steinzeitliche Werkzeuge, was schon früh sein Interesse an den Vorfahren des Menschen weckte.

1922 begann er ein Studium der Anthropologie und der Archäologie in Cambridge, das er 1926 abschloss. Er unternahm verschiedene Expeditionen nach Afrika, um nach Spuren der ersten Menschen zu suchen. An einem Ort namens Kanam entdeckte Leakey 1932 Knochen, die seiner Überzeugung nach zu den ältesten bekannten Vorfahren des heutigen Menschen gehörten. Er vermerkte die Stelle nur ungenau, weshalb Kollegen den Fund später nicht nachprüfen konnten und er nicht anerkannt wurde. Leakeys wissenschaftliche Reputation war dadurch ruiniert.

1937 kehrte Louis Leakey von England nach Afrika zurück, um die Kikuyu zu erforschen. Von 1945 bis 1961 arbeitete er als Kurator des heutigen *Nairobi National Museum,* des Museums für Naturgeschichte. 1947 organisierte Leakey den Ersten Panafrikanischen Kongress zur Vorgeschichte des Kontinents, was sein wissenschaftliches Ansehen wiederherstellte.

Gemeinsam mit seiner Frau Mary führte Leakey viele Grabungen an verschiedenen Orten in Afrika durch, vor allem in der Olduvai-Schlucht im heutigen Tansania. 1959 fand Mary bei einem Hundespaziergang den sehr gut erhaltenen Schädel eines erwachsenen Individuums. Dieser Fund gilt als der wichtigste aus der Olduvai-Schlucht. 1964 verkündeten Louis Leakey und zwei Kollegen die Entdeckung einer neuen Menschenart, des *Homo habilis.* Um auch zukünftig Feldforschung zu ermöglichen, die sich mit der Stammesgeschichte des Menschen beschäftigt, wurde 1968 die Leakey-Stiftung gegründet.

Louis Leakey gehört zu den bedeutendsten Paläoanthropologen, obwohl einige seiner Theorien umstritten sind. Bei seinen Forschungsreisen entdeckte er zudem viele urzeitliche Wandmalereien. Ein Mondkrater und ein Asteroid tragen seinen Namen. Louis Seymour Bazett Leakey starb am 1. Oktober 1972 in London.

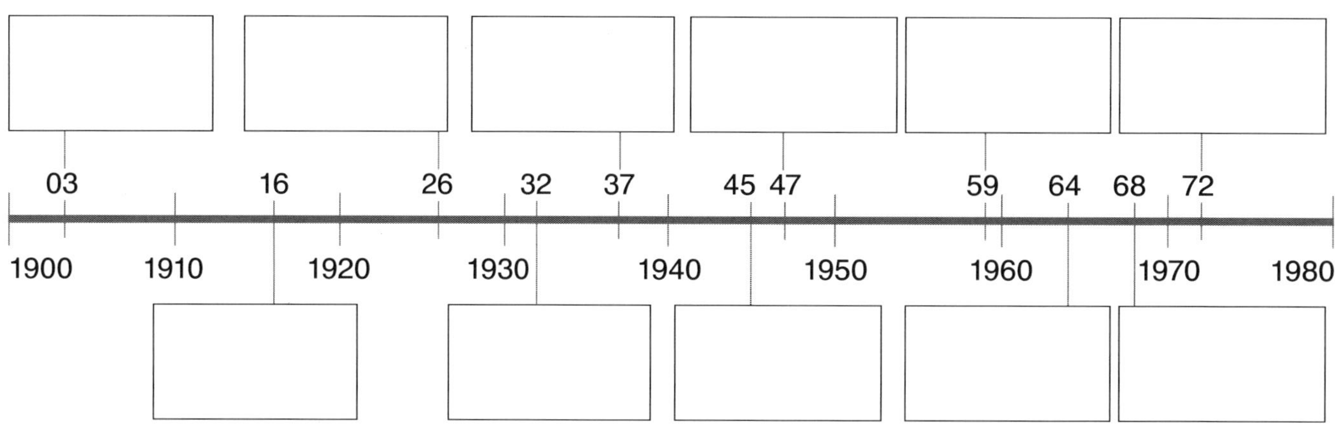

2. Stell dir vor, du hast die Möglichkeit, Louis Leakey zu treffen. Was würdest du ihn fragen? Erkläre, warum du diese Frage gewählt hast.

Fossilien – Zeugen der Evolution

1. Stell dir vor, du bist Forscher und hast folgende Fossilien entdeckt. Diskutiere mit einem Partner, was ihr vor euch seht.

2. Welcher Satz stimmt? Kreuze an.

☐ Der Mensch stammt vom Affen ab.

☐ Menschen und Schimpansen haben gemeinsame Vorfahren.

„Verhalten versteinert nun einmal nicht“, sagt Louis Leakey zu Jane (Seite 28).

3. Wie möchte Louis Leakey etwas über das Verhalten der Urmenschen erfahren? Lies im 4. Kapitel nach und notiere.

Ist Jane geeignet?

1. Bringt Jane die nötigen Kenntnisse und Fähigkeiten mit, um Louis Leakeys Aufgabe zu erfüllen? Schreibe in die Tabelle. Entscheide für jede Rubrik über Janes Eignung, indem du in der unteren Zeile ein Plus- oder ein Minuszeichen einträgst.

Ausbildung	Erfahrung	Kenntnisse	Persönliche Eigenschaften

2. Geeignet oder ungeeignet? Formuliere eine Einschätzung anhand deiner Tabelle.

3. In welchen Bereichen sollte sich jemand für eine wissenschaftliche Aufgabe eignen? Diskutiert darüber und formuliert ein Fazit für eure Gesprächsergebnisse.

5. bis 7. Kapitel: Jane wird Affenforscherin

Inhalt

5. Die Wende

Während Louis Leakey sich darum bemüht, finanzielle Mittel und eine Forschungserlaubnis aufzutreiben, reist Jane nach London. Dort bereitet sie sich durch Zoobesuche und die Lektüre von Büchern über Schimpansen auf ihre Aufgabe vor. Schließlich steht das Geld bereit. Allerdings erlauben die Behörden Jane ihren Aufenthalt im Naturreservat Gombe Stream im heutigen Tansania nur unter der Auflage, dass sie von einer erwachsenen europäischen Person begleitet wird. Jane fragt ihre Mutter Vanne, die zustimmt.

Nach einer abenteuerlichen Reise erreichen die beiden Frauen am 16. Juli 1960 in Begleitung des Koches Dominic ihr Ziel am Ostufer des Tanganjikasees. Für Jane kommt es der Ankunft im Paradies gleich. Mit Unterstützung eines Wildhüters und eines Einheimischen lernt sie die Umgebung schnell kennen. Ihr Gottvertrauen und ihr Instinkt helfen Jane, die ersten Begegnungen mit wilden Tieren unbeschadet zu überstehen. Es bereitet ihr jedoch Sorgen, dass die Schimpansen sofort flüchten, sobald sie sich ihnen nähert. In der Anfangszeit erkranken die Frauen an Malaria. Als Jane sich besser fühlt, nimmt sie ihre Erkundungsgänge wieder auf. Während einer Verschnaufpause auf einer Felskuppe hört die Forscherin plötzlich die Rufe von Schimpansen. Endlich kann sie die Tiere aus der Nähe beobachten.

6. Eine sensationelle Entdeckung

Von nun an steigt Jane jeden Morgen zu der Felskuppe hoch und setzt sich dort ruhig hin. Dabei trägt sie immer gleichfarbige helle Kleidung. So fühlen sich die Schimpansen nicht bedroht und gewöhnen sich allmählich an Janes Anwesenheit. Bald fallen der Forscherin einzelne Tiere durch ihr Aussehen oder ihr Verhalten auf, darunter ein kräftiges Männchen, das sie wegen seines silbergrauen Bartes David Greybeard nennt. Auch den anderen Schimpansen gibt sie nach und nach Namen.

Janes Geduld zahlt sich schließlich aus, als sie eine sensationelle Entdeckung macht: Sie beobachtet David Greybeard und weitere Schimpansen dabei, wie diese mithilfe von Grashalmen und zuvor entlaubten Zweigen Termiten angeln. Der Mensch ist also – anders als bislang angenommen – nicht das einzige Lebewesen, das Werkzeuge herstellt und benutzt. Vonseiten der Wissenschaft und der Theologie gibt es Widerstand gegen Janes Erkenntnisse. Doch die Forscherin kann ihre Beobachtungen mit Fotos belegen. Wichtiger aber ist, dass die *National Geographic Society* Mittel bereitstellt, um das Forschungsprojekt fortzusetzen.

Vanne, die in der Zwischenzeit eine kleine Krankenstation eingerichtet hat, verlässt Gombe nach sechs Monaten. Das Vertrauensverhältnis, das sie zu den Einheimischen aufgebaut hat, kommt auch Janes weiterer Forschungsarbeit zugute.

7. Wie Menschen

Jane fühlt sich immer mehr als Teil des Waldes. Ihre Beobachtungen führen sie zu der Erkenntnis, dass die Schimpansen den Menschen ähnlicher sind als bisher angenommen. Sie sieht zu, wie Schimpansen das Termitenangeln zielgerichtet planen, und schlussfolgert, dass die Tiere zu logischem Denken fähig sind. In ihrem Sozialverhalten gleichen die Schimpansen ebenfalls den Menschen: Sie liebkosen einander, aber sie können auch aggressiv sein und streiten.

Einen besonders intensiven Kontakt baut Jane zu David Greybeard auf. Er lässt es manchmal zu, dass die Forscherin ihm folgt. Als sie bei einer dieser Gelegenheiten David Greybeard eine Ölpalmfrucht anbietet, greift der Schimpanse nach ihrer Hand und drückt sie sanft. Jane ist tief bewegt.

Unterrichtsschwerpunkte

- Ankunft in Gombe und erste Beobachtungen
- Janes Entdeckungen über die Schimpansen
- die Beziehung zwischen Jane und David Greybeard

Zu den Kopiervorlagen

Expedition nach Gombe

Eine Afrikareise war in den 1960er-Jahren für eine junge Frau äußerst ungewöhnlich. Mithilfe von zwei Landkarten führen sich die Schüler Janes Weg von Bournemouth nach Gombe vor Augen. Die Forschungsexpedition erforderte eine sorgfältige Planung und eine angemessene Ausrüstung. Das machen sich die Kinder mit der zweiten Aufgabe bewusst, bei der sie über den Wahrheitsgehalt verschiedener Sätze entscheiden. Besprechen Sie im Plenum, warum die falschen Aussagen nicht zutreffen, z. B. weil die technischen Mittel (Handy und Laptop) noch nicht existierten. Das ermöglicht einen interessanten Vergleich von Reisen früher und heute.

Indem die Schüler Ideen zu einer eigenen Expedition entwickeln, versetzen sie sich an die Stelle der Forscherin und erkennen, wie aufwendig ein solches Unterfangen und seine Vorbereitung sind.

Lösung
Aufgabe 1:

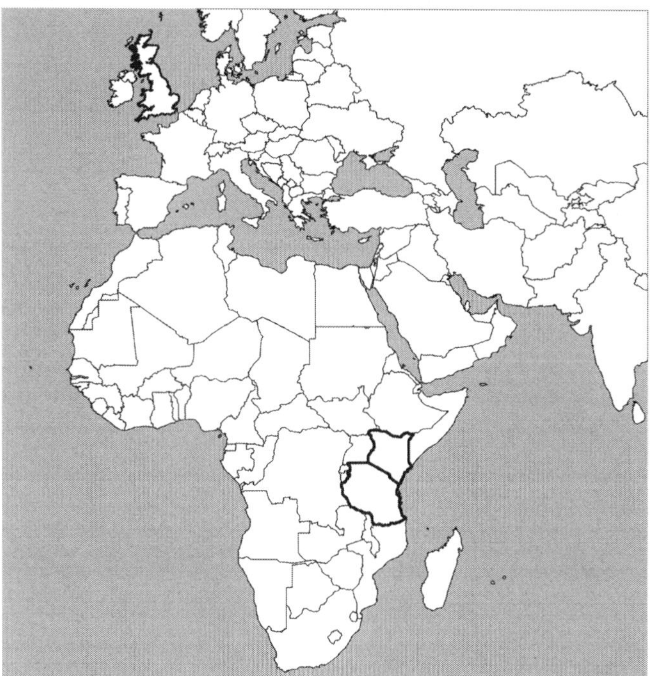

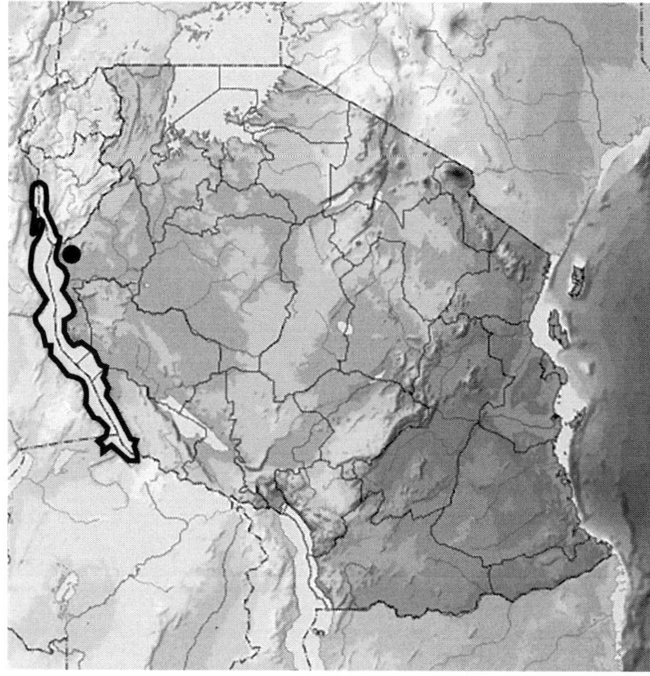

Aufgaben 2 und 3:
Lösungswort: PARADIES

KV Seite 25 Sehr viel Geduld

Mit diesem Arbeitsblatt vollziehen die Schüler nach, wie es Jane gelingt, den Schimpansen allmählich näher zu kommen, ihr Vertrauen zu gewinnen und mehr über sie zu erfahren. In Aufgabe 1 nutzen sie ihre Vorstellungskraft, um Janes Gefühle nach der ersten Begegnung mit den Affen wiederzugeben. Anschließend machen sie sich bewusst, welche Verhaltensweisen Jane dabei helfen, den Tieren ihre Angst zu nehmen. Im letzten Schritt halten sie die Erkenntnisse der Forscherin über die Schimpansen fest und vertiefen dadurch ihr Wissen über diese Tierart.

Lösung
Aufgabe 1:
z. B. „Mama, ich hab vorhin eine Pause auf einem Felsen gemacht. Plötzlich hörte ich die Rufe von Schimpansen! Sie blieben in meiner Nähe auf einem Feigenbaum sitzen und fraßen. Endlich konnte ich sie durchs Fernglas beobachten. Es war ein magischer Moment!"

Aufgabe 2:
Sie setzt sich ruhig hin.
Sie trägt immer gleichfarbige helle Kleidung.

Aufgabe 3:
Lebensraum: Berge und Wälder in Afrika (z. B. Tansania)
Schlaf: bauen Nester in Bäumen
Nahrung: Allesfresser (Früchte, Pflanzen, Insekten, Fleisch)
Menschenähnliche Verhaltensweisen: umarmen, Händchen halten, küssen, auf den Rücken klopfen, boxen, treten, schlagen, mobben, streiten, spielen (Fangen, Purzelbäume, Ballspiele), kitzeln
Verständigung: Rufe *(Pant-Hoots)*

KV Seite 26 Eine bahnbrechende Entdeckung

Janes Erkenntnis, dass Affen Werkzeuge herstellen und benutzen, war damals eine Sensation. Schließlich galt in der Wissenschaft die Auffassung, nur Menschen seien dazu fähig. Mit diesem Arbeitsblatt vollziehen die Schüler Janes Entdeckung, deren Bedeutung und die Reaktionen aus Wissenschaft und Theologie nach. Weisen Sie bei Aufgabe 1 auf die Besonderheiten der Textsorte Telegramm hin: Die Mitteilung wird möglichst kurz und knapp formuliert, ohne ausschmückende Details.

Lösung
Aufgabe 1:
z. B. David Greybeard hat einen Grashalm in einen Termitenhügel gestoßen und Termiten geangelt. Ein anderer Schimpanse hat einen Zweig entlaubt und damit nach Termiten gestochert.

Aufgabe 2:
Janes Entdeckung ist eine Sensation, weil bis dahin der Mensch als das einzige Lebewesen galt, das Werkzeuge herstellen und benutzen kann.

Aufgabe 3:
„Dann müssen wir jetzt entweder den Menschen oder den Werkzeugbegriff neu definieren – oder Schimpansen als Menschen akzeptieren.“ – Louis Leakey
„Die junge Frau hat ja gar keine wissenschaftliche Ausbildung. Deswegen können wir das, was sie angeblich gesehen hat, nicht als zuverlässige neue Erkenntnis anerkennen.“ – Wissenschaftler
„Es ist unmöglich, dass die Schimpansen mit den Menschen so nah verwandt sind, denn der Mensch ist die Krone der Schöpfung.“ – Theologen

Aufgabe 4:
Beobachtung: Ein Schimpanse geht zielgerichtet mit einem Grashalm zu einem Termitenhügel und angelt darin nach Termiten.
Schlussfolgerung: Der Affe hat das Angeln geplant.

Jane und David Greybeard
Mit ihrer Bronzeskulptur *The Red Palm Nut* hat die Künstlerin Marla Friedman einen besonderen Moment in der Beziehung zwischen Jane Goodall und ihrem Lieblingsschimpansen eingefangen. Die Betrachtung des hier abgebildeten Kunstwerks ermöglicht den Schülern, die Bedeutung dieses Erlebnisses für die Forscherin nachzuvollziehen. Das bietet eine gute Vorbereitung für die Aufgabe, einen Tagebucheintrag aus Janes Sicht zu verfassen.

Lösung
Aufgabe 1:
a) Jane Goodall und David Greybeard
b) Als Jane dem Schimpansen bei einer Begegnung eine Ölpalmfrucht anbietet, greift dieser nach ihrer Hand und drückt sie sanft. Es ist eine direkte Kommunikation, nur ohne Worte.

Gesprächs- und Schreibanlässe

Vanne und Jane
Hinter der beeindruckenden Schimpansenforscherin Jane Goodall stand eine ebenso außergewöhnliche Mutter. Erkundet zu zweit die Beziehung zwischen den beiden Frauen. Stellt euch vor, ihr seid Jane und Vanne und sitzt zusammen am Ufer des Tanganjikasees. Es ist der Abend vor Vannes Abreise. Schreibt einen Dialog und führt ihn auf. Bedenkt auch die Bedeutung, die Vannes Krankenstation für das Verhältnis zwischen Jane und den Einheimischen hatte.

Gefährliche Begegnungen
Verfasse einen Bericht über Janes Zusammentreffen mit wilden Tieren in Gombe. Stell dir vor, du bist mit Jane dort gewesen, nun zurückgekehrt und möchtest deinen Mitschülern von diesen Erlebnissen erzählen. Beschreibe, um welche Arten von Tieren es sich handelte, wie die Begegnungen abliefen und wie Jane sich verhalten hat, um euch beide zu beschützen. Achte auf einen gut strukturierten Text, der die Aufmerksamkeit der Klasse fesselt.

Werkzeuggebrauch im Tierreich
Schimpansen sind nicht die einzigen Tiere, die Werkzeuge herstellen und benutzen. Informiert euch im Internet, welche Tiere noch dazu fähig sind.

Kreativ aktiv

Die erste Forschungsstation
Baut ein Modell von Janes Lager in Gombe. Ihr könnt verschiedene Materialien wie Pappe, Stoff, Zweige oder Legosteine verwenden, um die Zelte und die Umgebung darzustellen. Präsentiert euer Ergebnis der Klasse.

Sitzmarathon
Jane muss sehr lange ruhig an einem Platz bleiben, um die Schimpansen zu beobachten. Ihr seid zu einem Wettbewerb eingeladen: Wer von euch besitzt das Durchhaltevermögen und die Geduld von Jane? Zeigt, wer am längsten still sitzen kann.

Nonverbale Kommunikation erforschen
Diese Art der Kommunikation umfasst die Übermittlung von Botschaften ohne den Einsatz von Sprache. Welche nonverbalen Signale kennst du (Körperhaltung, Gestik, Mimik, Berührungen)?
Zeichnet Gesichtsausdrücke und schreibt auf, welche Emotionen sie darstellen. Überlegt euch ein Spiel, das nur mit nonverbaler Kommunikation funktioniert.

Expedition nach Gombe

1. Rahme auf der linken Karte die Länder ein, die Jane auf ihrem Weg vom Birkenhof nach Gombe besucht. Markiere rechts den Tanganjikasee und die Position Gombes.

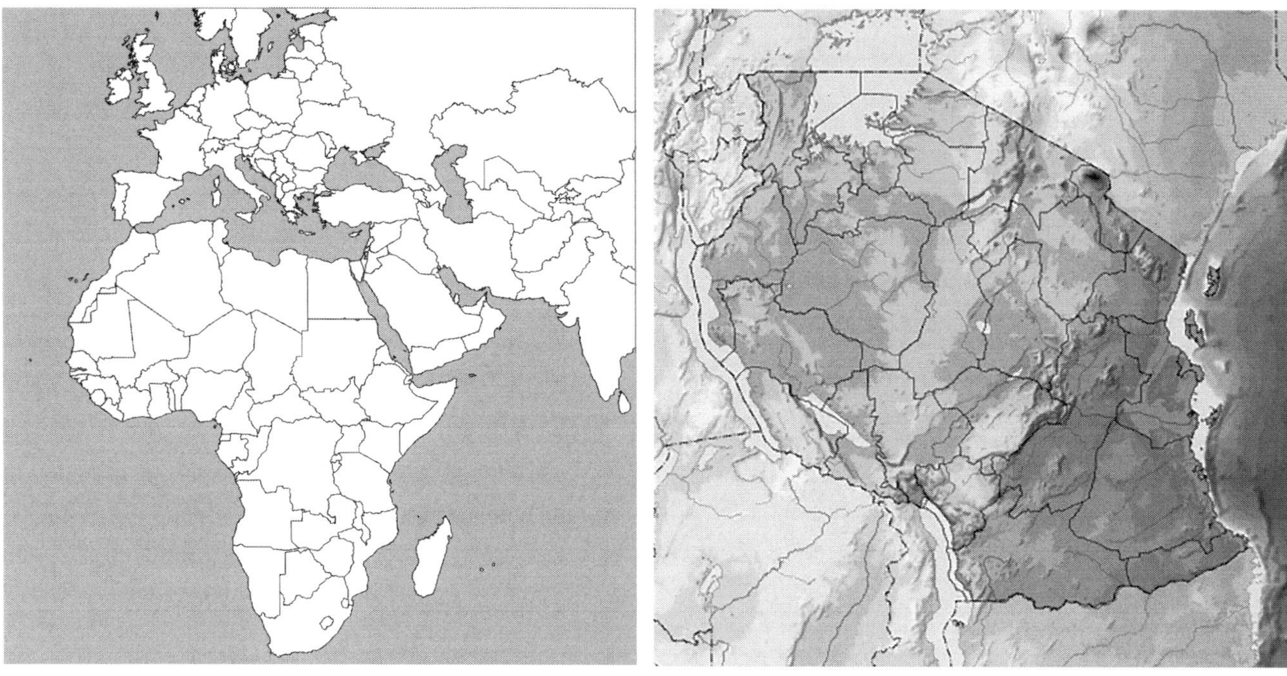

2. Lies die Sätze über die Vorbereitungen für Janes Expedition. Welche Aussagen sind wahr, welche falsch? Markiere jeweils den richtigen Buchstaben.

	wahr	falsch
1. Das Geld für die Expedition muss beschafft werden.	P	M
2. Jane benötigt ein kleines Boot, mit dem sie den Tanganjikasee befahren kann.	A	S
3. Zur Ausrüstung gehört auch Kleidung für offizielle Anlässe.	G	R
4. Um in Kontakt zu bleiben, nimmt Jane ein Handy mit.	O	A
5. Jane soll in Begleitung einer erwachsenen europäischen Person reisen.	D	K
6. Im Gepäck hat Jane einen Laptop für ihre Notizen.	U	I
7. Es werden Zelte gebraucht, in denen Jane und ihre Begleiter schlafen.	E	F
8. Für die Reiseapotheke packt Jane ein Mittel gegen Malaria ein.	N	S

3. Die richtig markierten Buchstaben ergeben ein Lösungswort, das dir etwas über Janes Gefühl zu Gombe verrät. Schreibe es auf.

Lösungswort: ____________________

4. Stell dir vor, du kannst eine Expedition zu einem beliebigen Ort auf der Welt machen. Welches Ziel hat deine Reise und was möchtest du erforschen? Tauscht euch in der Klasse über eure Ideen aus und überlegt, was ihr dafür braucht.

Sehr viel Geduld

In der Anfangszeit in Gombe bekommt Jane kaum Schimpansen zu Gesicht und verliert viel Zeit durch die Erkrankung an Malaria. Als es ihr besser geht, hat sie ein aufregendes Erlebnis.

1. Lies im 5. Kapitel nach und schreibe in wenigen Sätzen auf, was Jane ihrer Mutter erzählt. Verwende die direkte Rede und die Ich-Perspektive.

____

____

____

____

____

2. Welche klugen Verhaltensweisen helfen Jane in den folgenden Wochen dabei, den Schimpansen ihre Angst vor dem „seltsamen Wesen" zu nehmen? Nenne zwei.

____

____

3. Was erfährt Jane durch ihre Beobachtungen über die Schimpansen? Lies im 6. und im 7. Kapitel nach und ergänze Informationen zu jedem Schlagwort.

Lebensraum:

____

____

____

Schlaf:

____

____

Nahrung:

____

____

____

Menschenähnliche Verhaltensweisen:

____

____

____

____

____

____

Verständigung:

____

____

Eine bahnbrechende Entdeckung

1. Was beobachtet Jane im 6. Kapitel? Berichte Louis Leakey in einem Telegramm davon.

____

____

____

____

2. Warum ist Janes Entdeckung eine Sensation? Beantworte die Frage in einem Satz.

____

____

____

3. Janes Entdeckung stößt auf unterschiedliche Reaktionen. Ordne die Aussagen passend zu.

Dann müssen wir jetzt entweder den Menschen oder den Werkzeugbegriff neu definieren – oder Schimpansen als Menschen akzeptieren.

Die junge Frau hat ja gar keine wissenschaftliche Ausbildung. Deswegen können wir das, was sie angeblich gesehen hat, nicht als zuverlässige neue Erkenntnis anerkennen.

Es ist unmöglich, dass die Schimpansen mit den Menschen so nah verwandt sind, denn der Mensch ist die Krone der Schöpfung.

Wissenschaftler

Louis Leakey

Theologen

4. Welche weitere wichtige Entdeckung zum Werkzeuggebrauch der Schimpansen macht Jane später? Fasse die Informationen aus dem 7. Kapitel zusammen.

Beobachtung: ______________________________

____

____

Schlussfolgerung: ______________________________

Jane und David Greybeard

Einem Schimpansen kommt Jane besonders nah: David Greybeard.

1. Betrachtet die Bronzeskulptur der Künstlerin Marla Friedman und tauscht euch über die folgenden Fragen aus.

a) Was stellt die Skulptur dar?
b) Auf welches Erlebnis Jane Goodalls bezieht sie sich?
c) Welche Gefühle und Gedanken löst die Skulptur bei euch aus?

Während ihrer Zeit in Gombe hält Jane alle Erlebnisse und Beobachtungen in einem Notizbuch fest.

2. Schreibe einen Tagebucheintrag aus Janes Perspektive über die besondere Erfahrung mit David Greybeard. Ergänze farbige Zeichnungen, Symbole oder andere visuelle Elemente.

8. bis 10. Kapitel: Herausforderungen

Inhalt

8. Jane wird berühmt

Damit die Fachwelt von Janes Erkenntnissen erfährt, ermutigt Leakey seine Assistentin, eine Doktorarbeit zu schreiben. Obwohl Jane nicht studiert hat, lässt die Universität Cambridge sie als Doktorandin zu. Die folgenden drei Jahre verbringt Jane abwechselnd in Cambridge und in Gombe. Trotz ihrer unkonventionellen Methode wird Janes Dissertation am Ende akzeptiert und nach bestandener Prüfung erhält sie den Doktortitel.

Für einen Bericht in der Zeitschrift *National Geographic* besucht der Fotograf Hugo van Lawick Jane im Forschungslager und begleitet sie bei ihren Ausflügen in den Urwald. Die beiden Tierfreunde werden ein Paar und heiraten im März 1964. Durch den Artikel in der *National Geographic* sowie einen Film im Auftrag der *National Geographic Society,* den Hugo dreht, erreicht Jane größere Bekanntheit. Dies ermöglicht ihr, weitere Fördermittel zu gewinnen, die Station auszubauen und neue Mitarbeiter einzustellen. Anfang 1967 wird Gombe offiziell zum Forschungszentrum erklärt und Jane zur ersten Direktorin ernannt.

Am 4. März 1967 bringt Jane ihren Sohn Hugo Eric Louis, genannt Grub, zur Welt. Von nun an teilt sie ihren Tag auf: vormittags wissenschaftliche Arbeit, nachmittags Kinderbetreuung. Obwohl sie glücklich über ihre Familie ist, vermisst Jane gelegentlich ihre Streifzüge in den Wäldern und die Begegnungen mit den Schimpansen.

9. Schwierige Jahre

Jane und ihr Mann Hugo verbringen aufgrund ihrer Arbeit viel Zeit getrennt und haben zudem unterschiedliche Lebensvorstellungen. Daher lässt sich das Paar 1974 scheiden. Die folgenden vier Jahre stellen Jane vor weitere Herausforderungen: In Gombe kommt es zu Revierkämpfen zwischen zwei Schimpansengruppen, die sich zu einem regelrechten Krieg ausweiten. Zahlreiche Tiere sterben, schließlich ist die unterlegene Gruppe fast vollständig vernichtet. Jane muss erkennen, dass Affen wie Menschen zu brutaler Gewalt fähig sind.

In dieser schweren Phase lernt sie den Direktor der Nationalparks von Tansania, Derek Bryceson, kennen. Der kriegsversehrte Engländer hat an der Seite von Julius Nyerere für die Unabhängigkeit des heutigen Tansanias gekämpft und ist der einzige frei gewählte weiße Abgeordnete im Parlament. Jane und Derek verlieben sich und heiraten am 14. März 1975.

Kurz darauf ereignet sich ein Überfall auf Gombe und vier ausländische Studenten werden entführt. Alle nicht-tansanischen Mitarbeiter müssen die Forschungsstation verlassen. Schließlich kommen die Studenten gegen die Zahlung eines Lösegelds frei. Gombe wird daraufhin als Risikogebiet eingestuft. Nur dank der Vermittlung von Derek kann die Forschungsarbeit weitergehen.

10. Hoffnung auf Heilung

Im Alter von neun Jahren verlässt Grub Gombe, um bei Großmutter Vanne und Urgroßmutter Danny in Bournemouth zu leben und dort zur Schule zu gehen. Jane verbringt von nun an die Weihnachts- und Osterferien mit ihrem Sohn in England, in den Sommerferien besucht er sie in Tansania.

Die Frage nach dem natürlichen Verhalten des Menschen beschäftigt in den 1970er-Jahren nicht nur Jane Goodall, sondern die gesamte Wissenschaft. Die Vertreter der Erbanlagentheorie sehen sich durch Janes Berichte über die Schimpansenkämpfe in Gombe in ihrer Annahme bestätigt, dass es aufgrund einer angeborenen Aggressivität des Menschen immer wieder zu gewaltvollen Auseinandersetzungen kommen wird. Jane neigt eher der Milieutheorie zu. Deren Vertreter sind der Ansicht, dass eine entsprechende Erziehung die Fähigkeit zur friedlichen Konfliktlösung befördern kann. Jane versucht diese Botschaft zunehmend durch Vorträge in der ganzen Welt zu verbreiten.

1977 gründet sie das *Jane Goodall Institut (JGI),* um die Lebensbedingungen der Schimpansen und anderer Primaten zu verbessern und darüber hinaus den respektvollen Umgang mit Menschen, Tieren und der Natur zu unterstützen.

Privat muss Jane 1979 einen Schicksalsschlag hinnehmen. Bei ihrem Mann Derek wird Darmkrebs diagnostiziert. Alle Versuche einer Therapie scheitern und Derek stirbt einige Monate später. In tiefer Trauer kehrt Jane nach Gombe zurück. Sie hofft, dass der Kontakt mit den Schimpansen ihr helfen wird, die Trauer zu überwinden.

Unterrichtsschwerpunkte

- die wissenschaftliche Methode versus Janes Forschungsmethode
- Jane als Ehefrau und Mutter
- wachsende Berühmtheit und die Rolle der Medien
- der Schimpansenkrieg
- Wie ist der Mensch von Natur aus?

Zu den Kopiervorlagen

Die wissenschaftliche Methode

Mit einem Domino eignen sich die Schüler Grundlagen über wissenschaftliches Vorgehen an. Dies soll ihnen helfen zu verstehen, warum Janes Methode und ihre Erkenntnisse in der Fachwelt zunächst zurückgewiesen wurden.

Lösung
Aufgabe 1:

START	Herangehensweise, um in der Forschung Wissen zu erlangen und Fragen zu beantworten	**Wissenschaftliche Methode**	Ausgangspunkt für eine Untersuchung: Etwas Interessantes wurde beobachtet.
Beobachtung	sich eine Frage stellen	**Fragestellung**	Prüfen: Gibt es bereits Antworten?
Recherche über vorhandene Erkenntnisse	eine Vermutung über die Antwort auf die Frage formulieren	**Hypothese**	eine Untersuchung durchführen
Experiment	Dieses muss mit demselben Ergebnis nachgemacht werden können.	**Kriterien der Objektivität und Wiederholbarkeit**	Prüfen: Beweisen die Ergebnisse, dass die Hypothese richtig ist?
Versuchs-beobachtung und Auswertung	Der Wissensschatz wurde erweitert und das müssen die anderen Wissenschaftler erfahren.	**Ergebnisse kommunizieren**	Andere Wissenschaftler überprüfen den Versuch und bestätigen die Ergebnisse.
Neue Erkenntnis, neue Theorie oder neues Gesetz	**ENDE**		

Aufgabe 2:
Das ist wichtig, um verlässliche und objektive Ergebnisse zu erzielen, die von anderen Wissenschaftlern überprüft und wiederholt werden können. Die korrekte Methode gewährleistet auch, Vorurteile, Verzerrungen oder Zufallseinflüsse zu minimieren.

Janes Forschungsmethode

Wissenschaftlicher Fortschritt stößt manchmal auf Skepsis und Widerstand, insbesondere wenn neue Ansätze verwendet werden – so wie im Fall von Jane Goodall. Mit diesem Arbeitsblatt führen sich die Schüler Janes teilnehmende Beobachtung im Unterschied zur etablierten Forschungsmethode vor Augen und verfassen ein Streitgespräch zwischen Jane und ihrem Doktorvater. Klären Sie vorab, was ein Doktorvater ist.

Lösung
Aufgabe 1:
z. B. Jane ist keine unbeteiligte Beobachterin, sondern sie tritt in Kontakt mit den Schimpansen. Jane erstellt keine Statistiken, stattdessen gibt sie ihre individuellen Eindrücke und Erkenntnisse wieder.

Aufgabe 2:
z. B. Doktorvater: „Deine Methode ist nicht wissenschaftlich, weil andere Wissenschaftler nicht dieselben Beobachtungen unter denselben Bedingungen machen können."
Jane: „Ich bin von meiner Methode überzeugt, weil man nah an die Schimpansen herankommen muss, um mehr über ihre Lebensweise zu erfahren. Das gelingt nur, wenn wir uns geduldig, teilnehmend und einfühlsam verhalten."
Doktorvater: „Zweifellos ein faszinierender Ansatz. Doch die Wissenschaft erfordert nun einmal objektive, überprüfbare Daten und statistische Analysen."
Jane: „Aber die Tiefe meiner Beobachtungen ist unbezahlbar. Ich werde darüber nachdenken, wie ich meine Vorgehensweise so anpassen kann, dass die Grundsätze der Wissenschaft nicht verletzt werden."

Ehefrau und Mutter

Hier nähern sich die Schüler der „privaten" Jane an, außerhalb ihrer Rolle als Primatenforscherin. Sie vollziehen Janes wachsende Zuneigung zu Hugo und ihr Verhalten als Mutter nach, das auch durch die Erfahrungen mit den Schimpansen geprägt ist. Abschließend machen sie sich Gedanken darüber, was es bedeutet, ein Kind in der Wildnis aufzuziehen, und halten ihre Ideen in einer Tabelle fest.

Lösung
Aufgabe 1:
Vorher: „Ein fremder Fotograf könnte die Schimpansen mit seiner Ausrüstung erschrecken."
Nachher: „Es war schön, die Begeisterung für Tiere mit jemandem zu teilen. Hugo fehlt mir."

Aufgabe 2:
Wie die Schimpansenmütter kümmert sich Jane liebevoll um ihren Sohn.
Jane lässt Grub nie lange schreien und trägt ihn anfangs überall mit sich herum.
Sie passt gut auf, um ihren Sohn vor den Schimpansen zu schützen.
Die Forscherin vermisst ihre Streifzüge mit den Schimpansen im Urwald.

Aufgabe 3:

Gefahren	Kenntnisse und Fähigkeiten
z. B. wilde Tiere giftige Pflanzen Unwetter Orientierungsverlust	z. B. Tierspuren erkennen, richtigen Umgang mit Tieren kennen Pflanzen und ihre Eigenschaften kennen Anzeichen für Wetterumschwünge deuten sich anhand von Hilfsmitteln, z. B. Kompass, orientieren

KV Seite 35

Jane wird berühmt

Auf diesem Arbeitsblatt analysieren die Schüler, welche Bedeutung der Zeitschrift *National Geographic* bei der Verbreitung von Janes Forschungsergebnissen zukommt. Bevor sie den kurzen Informationstext lesen, werden eventuell unbekannte Begriffe (z. B. „gemeinnützig", „Stipendien" und „Publikation") gemeinsam besprochen.

In der dritten Aufgabe wird das Augenmerk auf die Rolle der Medien im Zusammenhang mit Berühmtheit früher und heute gelenkt. So machen sich die Kinder die Veränderung der Medienlandschaft seit den 1960er-Jahren bewusst und werden dazu angeregt, die Vor- und Nachteile digitaler Medien zu reflektieren.

Lösung

Aufgabe 2:

Die *National Geographic* bot Jane Goodall eine Plattform, um ihre Arbeit einem weltweiten Publikum vorzustellen. Durch die Berichterstattung verlieh sie Janes Forschung eine hohe Glaubwürdigkeit. In der Folge wurden mehr finanzielle Mittel für Janes Forschungsprojekte zur Verfügung gestellt.

Aufgabe 3:

	früher	heute
Kino	x	x
Fernsehen	x	x
Zeitungen und Zeitschriften	x	x
Youtube		x
Flyer und Plakate	x	x
Social Media (z. B. Instagram)		x
Bücher	x	x
Streamingdienste		x
persönliche Auftritte	x	x
Podcasts		x

Schlussfolgerung: Es gibt heute mehr und andere Wege, um berühmt zu werden, als in den 1960er-Jahren. Digitale Medien spielen dabei die wichtigste Rolle.

Aufgabe 4:

Vorteile: große Reichweite, Möglichkeiten der Interaktion, vielfältige Formate, Aktualität, Kosteneffizienz
Nachteile: Reizüberflutung, Filterblasen, Glaubwürdigkeitsprobleme, Technologieabhängigkeit, Datenschutz, soziale Isolation

Der Schimpansenkrieg

Die brutalen Revierkämpfe zwischen der Kasakela- und der Kahama-Gruppe veränderten Janes Ansichten über Wesen und Verhalten von Schimpansen. Bis dahin hatte sie angenommen, diese „seien besser als Menschen" (S. 60). Auf dem Arbeitsblatt rekapitulieren die Schüler zunächst den Auslöser, den Verlauf und die Auswirkungen des Schimpansenkriegs in Gombe. Anschließend setzen sie sich damit auseinander, was die Ereignisse für Janes Bild von den Schimpansen bedeuteten und wie sie mit den neuen Erkenntnissen umging.

Lösung

Aufgabe 1:

Auslöser: Die Gombe-Schimpansen spalten sich in die Kasakela- und die Kahama-Gruppe mit eigenen Revieren.
Verlauf: In den Jahren zwischen 1974 und 1977 kommt es zu vielen gewalttätigen Auseinandersetzungen zwischen den beiden Gruppen.
Auswirkungen: Fast alle Mitglieder der Kahama-Gruppe werden getötet. Nur drei junge, kinderlose Schimpansinnen überleben.

Aufgabe 2:

Vorher: „Schimpansen sind friedlicher als Menschen."
Nachher: „Schimpansen können durchaus aggressiv und brutal sein."

Aufgabe 3:

Jane hält auch unangenehme Erkenntnisse nicht zurück und lässt persönliche Befindlichkeiten außen vor. Als Forscherin fühlt sie sich der Wahrheit verpflichtet.

Wie ist der Mensch von Natur aus?

Das Thema der menschlichen Natur ist komplex und kontrovers. Es gibt keine eindeutige Antwort auf die Frage, ob der Mensch ursprünglich gut oder böse ist. In der Lektüre werden die wissenschaftlichen Perspektiven der Erblichkeits- und der Milieutheorie angerissen. Indem die Schüler sich mit den beiden Theorien beschäftigen, entwickeln sie ein besseres Verständnis dieser grundlegenden Frage und reflektieren ihre eigene Sichtweise.

Im Anschluss daran führen sie sich die Eigenschaften des Menschen vor Augen, die ihn möglicherweise dazu befähigen, sich sozialer und friedlicher zu verhalten als die Schimpansen. Sie erkennen, dass Jane Goodall darin die „Hoffnung für unsere Zukunft" begründet sieht.

Lösung

Aufgabe 1:

„Unsere Natur ist geprägt von unserem Erbgut. Veranlagungen und Instinkte beeinflussen unser Verhalten. Das Gute und das Böse liegen bereits in unseren Genen." – Erblichkeitstheorie

„Unsere Umwelt und unsere Erziehung spielen ebenfalls eine große Rolle. Nur weil wir bestimmte Anlagen haben, bedeutet das nicht zwangsläufig, dass wir gut oder böse handeln. Es kommt auf unsere Entscheidungen an und darauf, wie wir uns entwickeln." – Milieutheorie

Aufgabe 3:

soziales Gewissen,
hoch entwickelter
Verstand

Aufgabe 4:

Jane Goodall schöpft Hoffnung aus der Beobachtung, dass Schimpansen in der Lage sind, ihre aggressiven Neigungen unter Kontrolle zu bringen und in schwierigen Situationen Spannungen abzubauen. Sie ist überzeugt, dass es dann auch für uns Menschen möglich sein muss, die in den Genen angelegte Aggressivität zu überwinden und Konflikte friedlich zu lösen.

Gesprächs- und Schreibanlässe

Hugo van Lawick in Gombe

Verfasse eine Nachricht Hugos an die Redaktion der *National Geographic.* Schildere deine Ankunft in Gombe. Gib deine Eindrücke von Jane wieder. Beschreibe ein besonderes Erlebnis mit ihr. Führe aus, wie das Zusammensein mit den Schimpansen deine Sicht auf sie verändert. Du kannst mit einem kraftvollen Aufruf zum Naturschutz schließen.

Scheidung

Wie hat sich Jane wohl gefühlt, als sie die Veränderungen in ihrer Beziehung zu Hugo bemerkte? Warum wollte sie ihre eigenen Wege gehen? Schreibe aus Janes Sicht einen Brief an Vanne, in dem du deine Gefühle über das Ende der Ehe ausdrückst.

Fernunterricht

Tauscht euch in der Klasse über eure Erfahrungen mit Distanzunterricht, z. B. während der Covid-Pandemie, aus. Was hat gut, was weniger gut funktioniert? Warum war Fernunterricht für Grub wohl schwierig? Wie versuchte Jane, diese Probleme zu lösen?

Der Tod von Derek

Vermitteln Sie den Schülern vorab grundlegende Informationen über Krebs. Für Kinder geeignete Erklärvideos finden Sie hier: *https://www.krebshilfe.de/blog/kindern-krebs-erklaeren/.*

Führen Sie dann ein Klassengespräch über Dereks Krebserkrankung. Lassen Sie die Schüler ihre persönlichen Gedanken und Gefühle äußern. Ermutigen Sie sie, Fragen zu stellen und Unterstützungsmöglichkeiten für erkrankte Menschen und ihre Angehörigen zu erkunden. Es ist wichtig, dass Sie einfühlsam und verständnisvoll sind und den Kindern einen sicheren Raum bieten, um über ein sensibles Thema wie den Tod zu sprechen.

Kreativ aktiv

Julius Nyerere

Wer war Julius Nyerere? Informiert euch im Internet über diese bedeutende afrikanische Führungspersönlichkeit des 20. Jahrhunderts und ihren politischen Einfluss. Präsentiert eure Ergebnisse der Klasse, z. B. in Form einer Collage.

Die Entführung

Recherchiert und diskutiert: Was waren die Motive der Entführer? Wie hättet ihr als Regierungsvertreter reagiert? Welche Auswirkungen könnte eine solche Entführung auf die Gesellschaft haben? Teilt euch anschließend in Gruppen auf. Jede Gruppe übernimmt eine Rolle, z. B. die entführten Studenten, die Entführer, die Eltern der entführten Studenten, die Regierung, Journalisten. Schreibt eine kurze Szene, die eure Perspektive auf das Ereignis zeigt, und präsentiert sie der Klasse.

Werbeplakat für das *Jane Goodall Institut*

Das *Jane Goodall Institut* setzt sich für den Schutz der Schimpansen und ihrer Lebensräume ein. Du hast den Auftrag, ein ansprechendes Werbeplakat für das Institut zu gestalten. Zeichne und bastle oder verwende ein digitales Tool.

Die wissenschaftliche Methode

1. Ordne die folgenden Schritte der wissenschaftlichen Methode in der richtigen Reihenfolge an.

✂

Fragestellung	Prüfen: Gibt es bereits Antworten?	**Beobachtung**	sich eine Frage stellen
Wissenschaftliche Methode	Ausgangspunkt für eine Untersuchung: Etwas Interessantes wurde beobachtet.	**Recherche über vorhandene Erkenntnisse**	eine Vermutung über die Antwort auf die Frage formulieren
Kriterien der Objektivität und Wiederholbarkeit	Prüfen: Beweisen die Ergebnisse, dass die Hypothese richtig ist?	**Versuchsbeobachtung und Auswertung**	Der Wissensschatz wurde erweitert und das müssen die anderen Wissenschaftler erfahren.
START	Herangehensweise, um in der Forschung Wissen zu erlangen und Fragen zu beantworten	**Ergebnisse kommunizieren**	Andere Wissenschaftler überprüfen den Versuch und bestätigen die Ergebnisse.
Experiment	Dieses muss mit demselben Ergebnis nachgemacht werden können.	**Neue Erkenntnis, neue Theorie oder neues Gesetz**	**ENDE**
Hypothese	eine Untersuchung durchführen		

2. Warum ist es wichtig, bei wissenschaftlichen Untersuchungen nach der korrekten Methode vorzugehen? Sprecht darüber.

Janes Forschungsmethode

Janes Vorgehensweise gehört heute zur modernen Feldforschung und wird „Methode der teilnehmenden Beobachtung“ genannt.

1. Was erfährst du im 6. und 7. Kapitel über Janes Vorgehensweise? Nenne zwei Punkte, in denen sie sich von der traditionellen wissenschaftlichen Methode unterscheidet.

Louis Leakey ermutigt Jane, eine Doktorarbeit über ihre Forschung in Gombe zu schreiben. Doch die Professoren lehnen ihre ungewöhnliche Methode zunächst ab.

2. Verfasse ein Streitgespräch zwischen Jane und ihrem Doktorvater mit Argumenten für und gegen Janes Vorgehensweise.

Doktorvater: „Deine Methode ist nicht wissenschaftlich, weil …“

Jane: „Ich bin von meiner Methode überzeugt, weil …“

Ehefrau und Mutter

Im Sommer 1962 bekommt Jane in Gombe Besuch von dem Tierfilmer Hugo van Lawick.

1. Wie denkt Jane über den Besuch Hugos vor seiner Ankunft, was empfindet sie nach seiner Abreise? Schreibe in die Gedankenblasen.

Hugo und Jane heiraten und bekommen einen Sohn: Hugo Eric Louis, genannt Grub.

2. Wie verhält sich Jane als Mutter? Welche Auswirkungen hat die Geburt ihres Sohnes auf ihr Leben? Kreuze zutreffende Aussagen an.

- ☐ Wie die Schimpansenmütter kümmert sich Jane liebevoll um ihren Sohn.
- ☐ Der kleine Grub darf mit den Schimpansenjungen spielen.
- ☐ Jane lässt Grub nie lange schreien und trägt ihn anfangs überall mit sich herum.
- ☐ Sie passt gut auf, um ihren Sohn vor den Schimpansen zu schützen.
- ☐ Während Jane mit den Schimpansen durch die Wälder streift, bleibt Grub bei seinem Vater Hugo.
- ☐ Jane verbringt den ganzen Tag mit ihrem Sohn und hat keine Zeit mehr für ihre Arbeit.
- ☐ Die Forscherin vermisst ihre Streifzüge mit den Schimpansen im Urwald.

3. Stellt euch vor, ihr wollt ein Kind in der Wildnis aufziehen. Welche Gefahren gibt es dort? Welche Kenntnisse und Fähigkeiten braucht das Kind, um zu überleben? Sprecht darüber und haltet eure Überlegungen in einer Tabelle im Heft fest.

Gefahren	Kenntnisse und Fähigkeiten

Jane wird berühmt

1. Lies den Text über die *National Geographic Society* und die Zeitschrift *National Geographic*. Klärt unbekannte Begriffe.

Die *National Geographic Society* ist eine internationale gemeinnützige Organisation, die sich der Erforschung und der Bewahrung des Planeten widmet. Sie vergibt Stipendien für Forschungsprojekte, finanziert Expeditionen und führt Bildungsprogramme durch.

Die Zeitschrift *National Geographic* ist eine Publikation der *National Geographic Society*. Sie ist weltweit bekannt für ihre faszinierenden Fotografien und detaillierten Berichte über Natur, Kultur, Wissenschaft und Geschichte.

2. Wie haben der Artikel *Mein Leben unter wilden Schimpansen* in der Zeitschrift *National Geographic* und der Film von Hugo van Lawick Jane Goodalls Bekanntheit und ihr Ansehen beeinflusst? Sprecht darüber.

Die Rolle der Medien hat sich seit den 1960er-Jahren stark verändert.

3. Wie wurden Menschen früher berühmt, wie heute? Kreuze an. In einigen Fällen kannst du in beiden Spalten ein Kreuz setzen. Welche Schlussfolgerung ziehst du daraus? Schreibe auf.

	früher	heute
Kino		
Fernsehen		
Zeitungen und Zeitschriften		
Youtube		
Flyer und Plakate		
Social Media (z. B. Instagram)		
Bücher		
Streamingdienste		
persönliche Auftritte		
Podcasts		

Schlussfolgerung: ______________________________

____

____

4. Nenne jeweils drei Vorteile und drei Nachteile digitaler Medien.

____

____

Der Schimpansenkrieg

Jane beobachtet viele soziale Verhaltensweisen bei Schimpansen, die denen der Menschen ähneln. Sie liebkosen einander, aber sie streiten auch. Einmal kommt es in Gombe sogar zum Krieg.

1. Was erfährst du in der Lektüre über den Schimpansenkrieg? Lies im 9. Kapitel nach und schreibe die Informationen auf.

Auslöser: ______________________________

____

____

Verlauf: ______________________________

____

____

Auswirkungen: ______________________________

____

____

2. Wie ändert sich Janes Bild von den Schimpansen durch den Konflikt in Gombe? Schreibe mit eigenen Worten in die Gedankenblasen.

Vorher:

Nachher:

Obwohl die neuen Erkenntnisse Jane Kummer bereiten, verschweigt sie der Öffentlichkeit nicht, dass die Schimpansen auch eine dunkle Seite haben.

3. Was sagt das über Janes Haltung als Forscherin aus? Sprecht darüber.

Wie ist der Mensch von Natur aus?

Die Frage nach der Natur des Menschen beschäftigte in den 1970er-Jahren nicht nur Jane Goodall, sondern auch viele andere Wissenschaftler. Zwei Theorien standen dabei in Konflikt: die Erblichkeitstheorie und die Milieutheorie.

1. Lies die Aussagen in den Sprechblasen und ordne sie jeweils einer der beiden Theorien zu.

Unsere Natur ist geprägt von unserem Erbgut. Veranlagungen und Instinkte beeinflussen unser Verhalten. Das Gute und das Böse liegen bereits in unseren Genen.

Unsere Umwelt und unsere Erziehung spielen ebenfalls eine große Rolle. Nur weil wir bestimmte Anlagen haben, bedeutet das nicht zwangsläufig, dass wir gut oder böse handeln. Es kommt auf unsere Entscheidungen an und darauf, wie wir uns entwickeln.

Milieutheorie

Erblichkeitstheorie

2. Welcher Ansicht stimmst du eher zu? Rahme die entsprechende Sprechblase farbig ein. Tauscht euch in der Klasse darüber aus und begründet eure Meinungen.

3. Welche Anlagen zeichnen uns Menschen im Unterschied zu den Schimpansen aus? Lies auf Seite 65 nach und markiere zwei Begriffe.

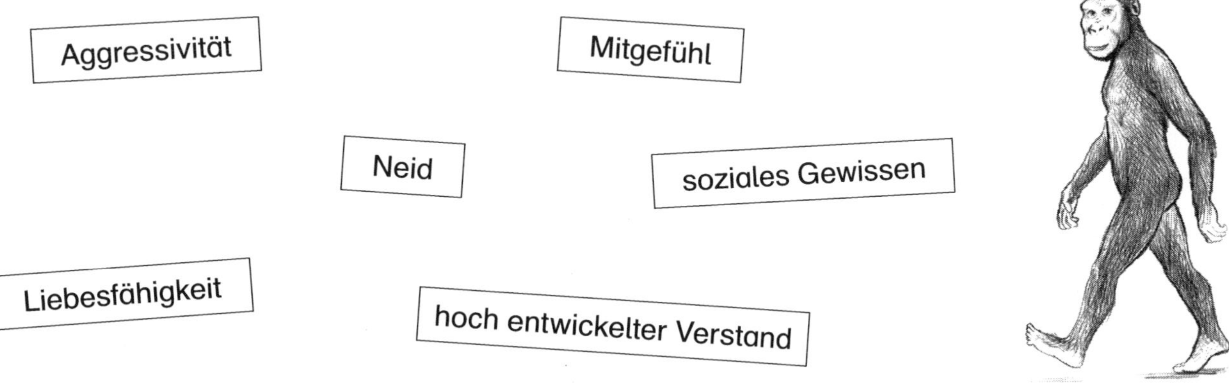

4. Worin sieht Jane Goodall die „Hoffnung für unsere Zukunft“ begründet? Sprecht darüber.

11. und 12. Kapitel: Aktivistin für Umweltschutz

Inhalt

11. Neue Wege

Ihre Trauer hält Jane nicht davon ab, weiterhin Vortragsreisen zu unternehmen. Im texanischen Dallas wird sie von einem jungen Mann gefragt, wie sie ihren Glauben und die Evolutionstheorie vereinbaren kann. Jane erläutert ihm, dass sie die Tatsache der evolutionären Entwicklung des Lebens nicht an der Existenz Gottes zweifeln lässt. Ausschlaggebend sei für sie die Entscheidung jedes Einzelnen, wie er mit der Erde und den Mitmenschen umgehen will.

Neben ihren Reisen arbeitet Jane an einem neuen Buch über die Schimpansen. Dafür eignet sie sich viele Grundlagen an, die Teil eines Biologiestudiums sind. *The Chimpanzees of Gombe* erscheint 1986 im Verlag der Harvard Universität und wird ihr wichtigstes Werk.

Auf Einladung der Akademie der Wissenschaften in Chicago präsentiert Jane ihr Buch auf einer viertägigen Konferenz, die sich mit dem Leben von Schimpansen beschäftigt. Hier hört sie zwei Vorträge, die einen nachhaltigen Einfluss auf ihre Arbeit haben. Im ersten Vortrag erfährt Jane, dass die Anzahl der Schimpansen in Afrika dramatisch sinkt. Ursächlich hierfür sind erstens die Rodung großer Waldflächen, wodurch ihnen und anderen Tieren die Lebensgrundlage entzogen wird, und zweitens die Jagd. Die gefangenen Schimpansen werden entweder getötet oder für medizinische Versuche in Laboren eingesetzt. Mit der Haltung dieser Laboraffen beschäftigt sich der zweite Vortrag. Deren unwürdige Lebensbedingungen erschüttern Jane. Sie verlässt die Konferenz mit dem Ziel, sich in Zukunft dem Natur- und Artenschutz sowie der Öffentlichkeitsarbeit zu widmen.

12. Kämpferin für Naturschutz

Einen großen Teil ihrer Zeit widmet Jane nun dem Besuch von Forschungslaboren. Ihre zunehmende Bekanntheit ist dabei hilfreich. In einem staatlich finanzierten Labor in Maryland sieht Jane, wie Schimpansenjunge isoliert in kleinen Käfigen gehalten werden. Sie klärt die zuständigen Mitarbeiter darüber auf, dass Affenkinder die gleichen Bedürfnisse nach Zuwendung und Körperkontakt haben wie Menschenkinder.

Auch eine Begegnung in New York mit dem erwachsenen Laborschimpansen JoJo erschüttert Jane. Gemeinsam mit anderen Wissenschaftlern erarbeitet sie Vorschläge, wie die Lebensbedingungen von Schimpansen in Laboren verbessert werden können. Darüber hinaus setzt sie sich für eine artgerechte Haltung von Affen in zoologischen Gärten ein. Inzwischen ist sie etwa dreihundert Tage im Jahr unterwegs und verbringt deshalb nur noch wenig Zeit in Gombe und auf dem Birkenhof. Für ihr unermüdliches Engagement erhält sie viele Auszeichnungen, darunter 1990 den *Kyoto-Preis*.

Jane richtet ihr Augenmerk auch auf die nachkommenden Generationen, schreibt Bücher für Kinder und gründet 1991 gemeinsam mit zwölf Schülern die Initiative *Roots & Shoots*. Es ist ihre feste Überzeugung, dass frühe Aufklärung und gemeinsames Engagement die Welt verbessern können. Mit unerschöpflicher Energie kämpft sie dafür, möglichst vielen Menschen die Botschaft näherzubringen, dass sie ihr destruktives Verhalten ändern müssen. In einem Interview mit dem Philosophen Richard David Precht im September 2022 berichtet sie sowohl von der Widerstands- und Erholungsfähigkeit der Natur als auch vom Einsatz zahlreicher Menschen für die Rettung bedrohter Arten. Jane ist noch im Alter von fast neunzig Jahren davon überzeugt: Es lässt sich viel verändern, wenn jeder Einzelne erkennt, dass er gebraucht wird.

Unterrichtsschwerpunkte

- unsere Verantwortung für die Zukunft des Planeten (Mindmap)
- Janes wichtigstes Werk: *The Chimpanzees of Gombe*
- die Konferenz von Chicago und ihre Folgen
- die Haltung von Laborschimpansen

Zu den Kopiervorlagen

Eine wichtige Entscheidung

Im Gespräch mit dem jungen Mann im 11. Kapitel äußert Jane die Überzeugung, dass jeder einzelne Mensch einen Beitrag leisten muss, damit wir als Gesellschaft friedvoll miteinander und mit der Natur leben können. Auf diesem Arbeitsblatt sind die Schüler aufgefordert, ihre Gedanken zu dieser zentralen Aussage Janes festzuhalten. Die Form der Mindmap fördert das freie Assoziieren und die Verknüpfung von Ideen.

Vor dem Erstellen der Mindmap können Sie im Plenum über Janes Statement sprechen, um den Einstieg zu erleichtern und die Kinder anzuregen, eigene Gedanken zu entwickeln. Beginnen Sie mit der Bedeutung der Aussage für Jane und ihren Gesprächspartner: Jane fragt sich, ob sie genug beiträgt, indem sie ihre Erkenntnisse über die Schimpansen in der Welt verbreitet, oder ob sie neue Wege gehen soll (vgl. S. 71 / 72 in der Lektüre). Ihr Gesprächspartner ist dankbar für Janes Antwort und inspiriert, sich Gedanken über seinen eigenen Beitrag zur Zukunft zu machen.

Danach überlegen die Schüler, welche Konsequenzen die Menschheit aus Janes Botschaft ziehen könnte: z. B. keine Kriege mehr führen, weniger begrenzte Ressourcen verbrauchen, die Lebensbedingungen von Tieren in Gefangenschaft verbessern. Im letzten Schritt machen sich die Kinder Gedanken, was sie selbst konkret tun können, um stärker im Einklang miteinander und mit der Natur zu leben. Durch all diese Überlegungen gewinnen sie ein umfassenderes Verständnis für die Zusammenhänge zwischen individuellem Handeln, harmonischer Gesellschaft und Naturerhaltung.

Eine Mindmap erstellen in fünf Schritten
Mindmapping ist eine kreative Methode, um Informationen visuell darzustellen und zu strukturieren. Dafür benötigt man lediglich ein Blatt Papier und Stifte in verschiedenen Farben. Dies sind die grundlegenden Schritte:

1. Schreibe das Hauptthema deiner Mindmap in die Mitte des Blattes.
2. Überlege, welche Unterthemen zum Hauptthema gehören, und ordne diese um das Hauptthema herum an.
3. Ziehe farbige Linien vom Hauptthema zu den Unterthemen. Wähle für jedes Unterthema eine eigene Farbe.
4. Ergänze zu jedem Unterthema weitere Stichworte, die detailliertere Informationen dazu bieten. Verbinde sie durch Linien mit den Unterthemen. Benutze dafür die Farbe des jeweiligen Unterthemas.
5. Überarbeite deine Mindmap, indem du neue Informationen hinzufügst oder die Struktur anpasst. Mindmaps sind flexibel und können jederzeit erweitert oder verändert werden.

Tipp: Verwende neben unterschiedlichen Farben auch Symbole oder kleine Zeichnungen, um bestimmte Punkte hervorzuheben.

KV Seite 43

The Chimpanzees of Gombe

Hier steht das zentrale Werk von Jane Goodall im Fokus. Die Schüler nähern sich ihm über die Betrachtung des Buchumschlags. Sie beschreiben, was auf dem Foto zu sehen ist, und machen sich Gedanken über die Farbwahl des Covers. So üben sie, visuelle Elemente zu analysieren, und erkennen, dass ein Umschlag Rückschlüsse auf den Inhalt eines Buches zulässt oder eine bestimmte Stimmung bzw. Botschaft vermitteln kann.

Abschließend vergegenwärtigen sich die Kinder, welches Ziel Jane mit der Veröffentlichung von *The Chimpanzees of Gombe* verfolgt hat, und bewerten anhand des 11. Kapitels, ob sie dieses erreicht hat.

Lösung
Aufgabe 1:

a) Auf dem Foto sind drei Schimpansen abgebildet, die im Gras sitzen und in Richtung Kamera blicken. Es handelt sich um einen jungen Schimpansen und zwei ältere. Die Erwachsenen stützen ihre Arme und Hände auf den Beinen ab, das Kind hat seine Arme auf das Knie eines der älteren Schimpansen gelegt. Im Hintergrund sind Farne, ein Baumstamm und belaubte Zweige zu sehen.
b) z. B. Für das Cover und den Titel wurden natürliche bzw. recht neutrale Farbtöne gewählt: Beige, Grün und Schwarz. Die Gestaltung spiegelt einerseits den Lebensraum der Schimpansen wider, andererseits weist sie auf eine sachliche, objektive und wissenschaftliche Darstellung hin.
c) z. B. Das Titelfoto verdeutlicht auf den ersten Blick, dass Schimpansen in Gruppen leben. Die Vermutung liegt nahe, dass es sich bei den drei Schimpansen um eine Familie handelt. Zusammen mit der Sitzhaltung und der Gestik der Tiere wird der Eindruck vermittelt, dass Schimpansen in vergleichbaren sozialen Strukturen wie Menschen leben und ähnliche Verhaltensweisen zeigen.

Aufgabe 3:
Ihr Ziel war es, dass ihre Forschungsergebnisse in der Wissenschaft akzeptiert werden.

Aufgabe 4:
z. B. Ja, Jane hat ihr Ziel erreicht. Sie wird von Dr. Paul Heltne, dem Direktor der Akademie der Wissenschaften in Chicago, zu einer großen Konferenz über Schimpansen eingeladen, auf der sie ihr Buch präsentieren soll. Ihre Forschungsergebnisse werden also mittlerweile in der Fachwelt anerkannt.

KV Seite 44

Die Konferenz von Chicago

Die Tagung in Chicago markiert einen entscheidenden Wendepunkt im Leben von Jane Goodall: Aus der anerkannten Wissenschaftlerin wird eine leidenschaftliche Aktivistin für Natur- und Umweltschutz. Indem die Schüler einen Aufsatz über die Konferenz verfassen, trainieren sie nicht nur das Schreiben eines Erlebnisberichts, sondern versetzen sich auch in Jane hinein und machen sich die Bedeutung des Ereignisses für ihren weiteren Lebensweg bewusst.

Lösung

Einleitung (informiert knapp, worum es geht):

Wer (trifft sich)?	Wissenschaftler, die das Leben von Schimpansen erforschen
Wo (findet die Konferenz statt)?	Chicago
Wann (findet die Konferenz statt)?	1986
Wozu (findet die Konferenz statt)?	Diskussion der neuesten Erkenntnisse über das Leben der Schimpansen

Hauptteil (beschreibt genauer, worum es geht):

Worüber (wird auf der Konferenz informiert und diskutiert)?	erster Vortrag zum Thema Natur- und Artenschutz: starker Rückgang von Schimpansen in Afrika; zweiter Vortrag über Lebensbedingungen von Schimpansen in Versuchs- und Forschungslaboren weltweit; Gefühle: Betroffenheit, Entsetzen, dringender Wunsch, etwas dagegen zu tun

Schluss (nennt die Ergebnisse):

Welche Folgen (hat die Konferenz für das weitere Leben von Jane)?	Abkehr von Forschung, Hinwendung zu Natur- und Artenschutz sowie Öffentlichkeitsarbeit

z. B. Ein einschneidendes Erlebnis

Im Jahr 1986 nahm ich an einer Konferenz in Chicago teil, zu der viele Wissenschaftler, die das Leben von Schimpansen erforschen, eingeladen waren. Dort diskutierten wir die neuesten Erkenntnisse über das Leben der Schimpansen.

Ich habe viele Vorträge gehört, von denen mich zwei sehr betroffen gemacht haben. Der erste Vortrag zum Thema Natur- und Artenschutz beschrieb den starken Rückgang von Schimpansen in Afrika aufgrund von Waldrodung und der Jagd auf die Tiere, um mit ihrem Fleisch zu handeln und sie für medizinische Versuche zu nutzen. Der zweite Vortrag befasste sich mit den Lebensbedingungen von Schimpansen in Versuchs- und Forschungslaboren weltweit. Die Tiere werden in kleinen Käfigen gehalten, ohne Beschäftigungsmöglichkeiten, Kontakte zu Artgenossen und Bewegung an der frischen Luft. Nachdem ich das gehört hatte, war ich tief entsetzt und verspürte den dringenden Wunsch, etwas gegen die Missstände zu tun.

Das Ergebnis der Konferenz war, dass ich beschloss, mich in Zukunft nicht mehr der Forschung, sondern vor allem dem Natur- und Artenschutz und der Öffentlichkeitsarbeit zu widmen.

KV Seite 45

Schimpansen im Käfig

Hier beschäftigen sich die Schüler näher mit der Haltung von Laborschimpansen und mit Janes Einsatz für die Verbesserung ihrer Lebensbedingungen. Mithilfe von Fotos machen sich die Kinder bewusst, dass Schimpansen Gefühle haben, die sich wie bei Menschen in ihrer Mimik und Gestik widerspiegeln. Dabei stehen die Empfindungen der in Aufgabe 1 gezeigten Schimpansen im Kontrast zu dem emotionalen Zustand des eingesperrten Schimpansen in der zweiten Aufgabe. Nachdem die Schüler ihre Eindrücke notiert haben, können Sie die Ergebnisse im Plenum sammeln.

Abschließend ergänzen die Kinder Sätze und führen sich so die Bedürfnisse der Schimpansen und die Art und Weise, wie sich Jane für sie engagiert, vor Augen. Gehen Sie in einem Klassengespräch auch auf die Haltung von Affen in zoologischen Gärten ein.

Lösung

Aufgabe 1:

z. B. Schimpanse 1: freundlich, gelassen; Schimpanse 2: wach, aufmerksam; Schimpanse 3: kommunikativ, verspielt

Aufgabe 2:

z. B. Der Schimpanse wirkt traurig. Der durch das Gitter gestreckte Arm zeigt sein Bedürfnis nach Kontakt. Das Bild löst Traurigkeit/Empörung/den Wunsch zu helfen bei mir aus.

Aufgabe 3:

Jane besucht so viele <u>Forschungslabore</u> wie möglich.
Sie erzählt vom Leben der Schimpansen in der <u>Wildnis</u>, vom behüteten Aufwachsen in der Familie, von den besonderen <u>Eigenschaften</u> und Fähigkeiten, die jeden Schimpansen zu einem einmaligen Individuum machen.
Jane weiß, dass <u>Schimpansenjunge</u> das gleiche Bedürfnis nach Zuwendung und <u>Körperkontakt</u> haben wie Menschenkinder.
Gemeinsam mit Medizinern, Biologen, Verhaltensforschern und Laborangestellten erarbeitet sie Vorschläge, wie die <u>Lebensbedingungen</u> von Schimpansen in Laboren verbessert werden können.

Gesprächs- und Schreibanlässe

„Sind Sie nicht Jane Goodall?"
Stell dir vor, du triffst Jane zufällig in einem Hotel. Überlege dir, wie du sie ansprechen kannst. Sicher hast du ebenso wie der junge Mann in Dallas ein paar Fragen an sie. Welche?

Das schlechte Gewissen
Jane treibt im 11. Kapitel die Frage um, ob sie eine schlechte Mutter ist, weil sie so viel Zeit ohne Grub verbringt. Was meint ihr dazu? Lässt sich Janes Verhalten rechtfertigen? Womit könnte sie ihr schlechtes Gewissen beruhigen? Tauscht euch in der Klasse darüber aus.

„Ich schämte mich, ein Mensch zu sein"
Schreibe einen fiktiven Dialog zwischen Jane Goodall und JoJo, dem Schimpansen, der viele Jahre allein in einem Laborkäfig gelebt hat. Thematisiere seine Erfahrungen in Gefangenschaft, deren Auswirkungen auf sein Verhalten und Wohlbefinden sowie mögliche Wege, ihm zu helfen. Mache dir auch Gedanken über die Bedeutung der Begegnung zwischen Menschen und Tieren für das Verständnis und den Schutz der Tierwelt.

Immer unterwegs
Beschäftige dich mit folgendem Zitat von Jane Goodall: „Ich bin in England geboren, arbeite in Afrika und lebe in Flugzeugen." Was sagt das über Janes Einstellung zu ihrer Arbeit aus? Welche Auswirkung hat ihr Engagement auf ihr Privatleben? Wie gelingt es ihr wohl, die nötige Energie aufzubringen? Stelle deine Gedanken in Form eines Tagebucheintrags, einer Mindmap oder eines Posters dar.

Dian Fossey und Birutė Galdikas
Recherchiere Informationen zu den beiden Frauen und schreibe einen kurzen Aufsatz über ihren Beitrag zur Erforschung und zum Schutz von Affen.

Kreativ aktiv

Pro und kontra: Tierversuche
Recherchiert zu dem umstrittenen Thema. Sammelt Informationen über Zwecke von Tierversuchen, ethische Bedenken, gesetzliche Rahmenbedingungen und mögliche Alternativen. Zieht vertrauenswürdige Quellen wie wissenschaftliche Veröffentlichungen, offizielle Berichte oder angesehene Organisationen heran.

Bereitet eine Podiumsdiskussion zu Tierversuchen vor. Teilt die Klasse in Befürworter sowie Gegner. Verwendet Textausschnitte, Bilder und Grafiken, um eure Botschaft zu veranschaulichen. Folgende Regeln dienen dazu, eine respektvolle, geordnete und erfolgreiche Podiumsdiskussion zu ermöglichen: freundlicher Ton, aktives Zuhören, Redezeitbegrenzung, Moderation, fairer Austausch, faktenbasierte Argumentation.

Jane Goodall im Interview
Sehen Sie sich mit Ihrer Klasse das Gespräch von Jane mit Richard David Precht an: *https://www.zdf.de/gesellschaft/precht/precht-richard-david-precht-im-gespraech-mit-jane-goodall-100.html* (Dauer: 53 Minuten).

Sprechen Sie danach über das folgende Zitat aus dem *Boston Globe:* „To be with Jane is like walking with Mahatma Gandhi." Übersetzen Sie den Satz und klären Sie, wer Mahatma Gandhi war und welche Bedeutung er hatte. Lassen Sie die Schüler anschließend ihre eigenen Eindrücke von Jane Goodall äußern.

***Jane* – ein Film von Brett Morgen**
Schauen Sie, wenn möglich, diesen Dokumentarfilm mit Ihren Schülern. Er enthält viele Originalaufnahmen aus dem Film von Hugo van Lawick und ist so eine hervorragende Ergänzung zur Lektüre.

Vorbilder
Erstelle eine Fotocollage zu deinen persönlichen Vorbildern. Wähle Bilder aus Zeitschriften, dem Internet oder eigene Fotos aus. Klebe sie auf einen großen Karton oder füge deine Collage digital zusammen.

Ein Tag in *Tchimpounga*
Informiere dich als Erstes auf der Website des *Jane Goodall Instituts* über das *Tchimpounga Chimpanzee Rehabilitation Center* in der Republik Kongo. Schreibe dann eine kreative Geschichte, die in *Tchimpounga* spielt. Wie erkunden die Schimpansen ihre Umgebung, wie gehen sie miteinander um und welche Abenteuer erleben sie?

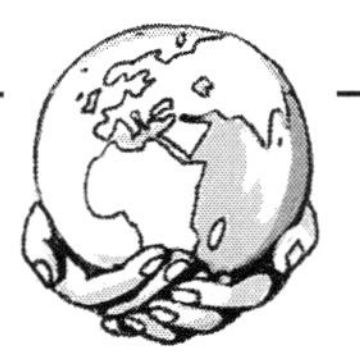

Eine wichtige Entscheidung

Im 11. Kapitel erklärt Jane einem jungen Mann, was für sie wichtig ist (Seite 71).

Erstelle eine Mindmap zu Janes Aussage.

Wichtig, lebenswichtig ist nur unsere zukünftige Entwicklung. Ob wir weiterhin Gottes Schöpfung zerstören, einander bekämpfen und andere Geschöpfe quälen. Oder ob wir Wege finden, in Einklang miteinander und mit der Natur zu leben. Allein das ist wichtig. Nicht bloß für die Zukunft der Menschheit, sondern auch für Sie persönlich. Sie müssen für sich eine Entscheidung treffen – so wie alle unsere Mitmenschen eine Entscheidung treffen müssen.

Bedeutung der Aussage für Jane

Bedeutung der Aussage für Janes Gesprächspartner

Bedeutung der Aussage für die Menschheit

Bedeutung der Aussage für dich persönlich

The Chimpanzees of Gombe

1. Betrachte das Buchcover von Jane Goodalls wichtigstem Werk. Verfasse einen kurzen Aufsatz und gehe dabei in drei Schritten vor.

a) Führe aus, was du auf dem Titelfoto siehst.
b) Beschreibe die Farbwahl des Covers. Was sagt sie über das Genre des Buches aus?
c) Jane wird sich unter vielen Fotos bewusst für dieses entschieden haben. Überlege, warum es ihr wohl besonders geeignet erschien.

The Chimpanzees of Gombe
Patterns of Behavior *Jane Goodall*

2. Tauscht euch über eure Coverbeschreibungen aus.

3. Welches Ziel verfolgte Jane mit *The Chimpanzees of Gombe?* Kreuze Zutreffendes an.

- ☐ Jane hoffte, mit diesem Buch den Nobelpreis zu gewinnen.
- ☐ Sie wollte Studenten aus aller Welt dazu bewegen, in Gombe mit den Schimpansen zu leben.
- ☐ Ihr Ziel war es, dass ihre Forschungsergebnisse in der Wissenschaft akzeptiert werden.
- ☐ Jane verfolgte die Absicht, mehr Geld für das Institut zu bekommen.
- ☐ Sie wollte ein Lehrbuch für andere Forschende schreiben.

4. Was meint ihr: Hat Jane ihr Ziel erreicht? Specht darüber und belegt eure Meinung am Text des 11. Kapitels.

Die Konferenz von Chicago

Verfasse aus Janes Sicht einen Erlebnisbericht über die Konferenz von Chicago für das *Jane Goodall Institut*. Schreibe in der Ich-Perspektive.

1. Beantworte die W-Fragen in den Tabellen stichwortartig anhand des 11. Kapitels.
2. Formuliere aus deinen Stichworten ganze Sätze für die Einleitung, den Hauptteil und den Schluss auf einem Blatt.
3. Schreibe den vollständigen Bericht im Präteritum in dein Heft. Übernimm dabei den bereits abgedruckten Anfang des Hauptteils.
4. Formuliere eine passende Überschrift für deinen Bericht.

Einleitung (informiert knapp, worum es geht):

Wer (trifft sich)?	
Wo (findet die Konferenz statt)?	
Wann (findet die Konferenz statt)?	1986
Wozu (findet die Konferenz statt)?	

Hauptteil (beschreibt genauer, worum es geht):

Worüber (wird auf der Konferenz informiert und diskutiert)?	Ich habe viele Vorträge gehört, von denen mich zwei sehr betroffen gemacht haben …

Schluss (nennt die Ergebnisse):

Welche Folgen (hat die Konferenz für das weitere Leben von Jane)?	

Schimpansen im Käfig

1. Betrachtet die Fotos. Wie wirken die Schimpansen auf euch? Welche Gefühle zeigen sich in ihren Gesichtern? Diskutiert in Gruppen und haltet eure Ideen stichpunktartig fest.

2. Betrachte nun das Foto des eingesperrten Schimpansen aus dem 12. Kapitel (Seite 78). Wie wirkt er auf dich? Welche Gefühle und Gedanken löst das Bild bei dir aus? Notiere.

____

____

____

____

3. Wie engagiert sich Jane für die Schimpansen in den Laboren? Lies im 12. Kapitel nach und ergänze die folgenden Sätze.

Jane besucht so viele ______________________ wie möglich.

Sie erzählt vom Leben der Schimpansen in der ______________, vom behüteten Aufwachsen in der Familie, von den besonderen ______________________ und Fähigkeiten, die jeden Schimpansen zu einem einmaligen Individuum machen.

Jane weiß, dass ______________________ das gleiche Bedürfnis nach Zuwendung und ______________________ haben wie Menschenkinder.

Gemeinsam mit Medizinern, Biologen, Verhaltensforschern und Laborangestellten erarbeitet sie Vorschläge, wie die ______________________ von Schimpansen in Laboren verbessert werden können.

Unterrichtsschwerpunkte

- Reflexion der Lektüre
- Vorstellung von *Roots & Shoots* und Möglichkeiten des eigenen Engagements

Zu den Kopiervorlagen

KV Seite 47

Bekanntschaft mit Jane Goodall

Dieses Arbeitsblatt ermöglicht Ihren Schülern, über das rein inhaltliche Verständnis der Lektüre hinauszugehen und eine tiefere Verbindung zu dem Gelesenen herzustellen. Die Impulsfragen fördern eine aktive Auseinandersetzung mit der Lebensgeschichte von Jane Goodall, eine persönliche Reflexion und die Anwendung des Gelernten im eigenen Leben.

KV Seite 48

Dein Engagement für Roots & Shoots

Jane Goodall ist überzeugt, dass jeder einzelne Mensch die Möglichkeit hat, die Welt zum Besseren zu verändern, und dass wir unsere individuellen Fähigkeiten nutzen müssen. Der auf dieser Kopiervorlage abgedruckte Brief stellt die Initiative *Roots & Shoots* vor und regt die Schüler dazu an, sich Gedanken zu machen, wie sie sich selbst engagieren können. Als ersten Schritt zu einem eigenen Projekt legen sie in Gruppenarbeit eine Mindmap an und präsentieren diese anschließend der ganzen Klasse.

Kreativ aktiv

Community Mapping

Um Schimpansen und deren Lebensraum zu schützen, wenden die afrikanischen Mitglieder von *Roots & Shoots* das sogenannte „Community Mapping“ an. Dabei werden verschiedene Techniken wie Interviews und Karten genutzt, um Ressourcen, Bedürfnisse und Potenziale der Gemeinschaft zu erfassen. Du kannst dieselbe Strategie verfolgen, um deine Umgebung zu erkunden und jene Bereiche zu finden, in denen du etwas verändern möchtest. Eine Anleitung findest du in dem Handbuch von *Roots & Shoots*, das du unter folgendem Link herunterladen kannst: *https://janegoodall.at/wp-content/uploads/2018/04/Roots-Shoots-Handbuch.pdf*.

Angebote des *Jane Goodall Instituts* für Pädagogen

Unter der Website des österreichischen *Jane Goodall Instituts* können Sie ausgearbeitete Unterrichtsmaterialien rund um Jane Goodall und die Schimpansen per E-Mail anfordern: *https://janegoodall.at/kids-teens/paedagogen/*. Darüber hinaus finden Sie dort weiterführende Informationen zu *Roots & Shoots*, Workshop-Angebote und einen Onlinekurs zum Thema „Die Kraft des Mutmachens – Tools, um mit Jugendlichen die globalen Nachhaltigkeitsziele zu verwirklichen“.

Bekanntschaft mit Jane Goodall

Durch das Lesen der Biografie hast du Jane Goodall gut kennengelernt und dich in vielfältiger Weise mit ihrem Leben auseinandergesetzt. Immer wieder haben Telegramme eine wichtige Rolle für sie gespielt. Wusstest du, dass Hugo Jane in einem Telegramm gefragt hat, ob sie ihn heiraten möchte?

Beantworte folgende Fragen jeweils mit einem Telegramm, also in Stichworten.

Was hat dir an dieser Biografie gefallen/nicht gefallen?

An welchen Stellen warst du beim Lesen überrascht?

Was beeindruckt dich an Jane Goodall am meisten?

Welche Fragen sind für dich nach dem Lesen offengeblieben?

Welche Erkenntnisse ziehst du aus Janes Leben und Wirken?

Über wessen Leben möchtest du sonst noch mehr erfahren?

Dein Engagement für Roots & Shoots

1. **Lies den Brief von Lisa Popp, der Koordinatorin von *Roots & Shoots* beim *Jane Goodall Institut Deutschland.***

Liebe Schülerinnen und Schüler,

habt ihr euch schon einmal gefragt, wie ihr eure Umwelt positiv beeinflussen könnt? Wollt ihr Veränderungen in eurer Gemeinschaft herbeiführen? Dann möchte ich euch *Roots & Shoots* vorstellen!

Roots & Shoots ist eine großartige Organisation, die sich für Umweltschutz, Tierschutz und Bildung einsetzt. Es spielt keine Rolle, wie alt ihr seid oder welchen Hintergrund ihr habt – ihr könnt euch engagieren und etwas bewirken!

Gemeinsam mit eurer Klasse, eurer Familie, Freundinnen und Freunden könnt ihr Projekte entwickeln, die die Umwelt schützen, bedrohte Tierarten unterstützen und soziale Gerechtigkeit fördern. Ob es darum geht, Müll zu reduzieren, einen Schulgarten anzulegen oder eine Spendenaktion zu organisieren – eurer Kreativität sind keine Grenzen gesetzt!

Roots & Shoots bietet euch Ressourcen, Schulungen und finanzielle Unterstützung, um eure Ideen in die Tat umzusetzen. Ihr könnt von anderen inspiriert werden, Wissen austauschen und euch mit Menschen auf der ganzen Welt vernetzen, die eure Leidenschaft teilen.

Denkt daran, dass jede und jeder von euch eine wichtige Rolle spielt. Eure Ideen und euer Engagement können einen echten Unterschied machen und unsere Zukunft positiv beeinflussen.

Also worauf wartet ihr? Erkundigt euch bei euren Lehrerinnen und Lehrern oder besucht die Website von *Roots & Shoots*, um mehr darüber zu erfahren, wie ihr teilnehmen könnt: *https://janegoodall.de/roots-shoots/*. Es gibt so viele aufregende Möglichkeiten, aktiv zu werden und einen positiven Beitrag zu leisten!

Lasst uns gemeinsam die Welt verändern – fangt noch heute an!

Mit besten Grüßen

Lisa Popp

Koordinatorin *Roots & Shoots, Jane Goodall Institut Deutschland*

2. **Sammelt in Gruppenarbeit Ideen für ein konkretes Projekt, das ihr als Klasse umsetzen wollt. Erstellt eine Mindmap dazu und präsentiert sie euren Mitschülern.**

